MIX
Papier aus verantwortungsvollen Quellen
Paper from responsible sources
FSC® C105338

Sebastian Wolf

Hausaufgabe: Rette die Prinzessin!

Entstehung, Geschichte und Didaktik
der Computer- und Videospielemusik

Diplomica Verlag GmbH

Wolf, Sebastian: Hausaufgabe: Rette die Prinzessin! Entstehung, Geschichte und Didaktik der Computer- und Videospielemusik.
Hamburg, Diplomica Verlag GmbH 2013

Buch-ISBN: 978-3-8428-8264-5
PDF-eBook-ISBN: 978-3-8428-3264-0
Druck/Herstellung: Diplomica® Verlag GmbH, Hamburg, 2013

Bibliografische Information der Deutschen Nationalbibliothek:
Die Deutsche Nationalbibliothek verzeichnet diese Publikation in der Deutschen Nationalbibliografie; detaillierte bibliografische Daten sind im Internet über http://dnb.d-nb.de abrufbar.

Das Werk einschließlich aller seiner Teile ist urheberrechtlich geschützt. Jede Verwertung außerhalb der Grenzen des Urheberrechtsgesetzes ist ohne Zustimmung des Verlages unzulässig und strafbar. Dies gilt insbesondere für Vervielfältigungen, Übersetzungen, Mikroverfilmungen und die Einspeicherung und Bearbeitung in elektronischen Systemen.

Die Wiedergabe von Gebrauchsnamen, Handelsnamen, Warenbezeichnungen usw. in diesem Werk berechtigt auch ohne besondere Kennzeichnung nicht zu der Annahme, dass solche Namen im Sinne der Warenzeichen- und Markenschutz-Gesetzgebung als frei zu betrachten wären und daher von jedermann benutzt werden dürften.

Die Informationen in diesem Werk wurden mit Sorgfalt erarbeitet. Dennoch können Fehler nicht vollständig ausgeschlossen werden und die Diplomica Verlag GmbH, die Autoren oder Übersetzer übernehmen keine juristische Verantwortung oder irgendeine Haftung für evtl. verbliebene fehlerhafte Angaben und deren Folgen.

Alle Rechte vorbehalten

© Diplomica Verlag GmbH
Hermannstal 119k, 22119 Hamburg
http://www.diplomica-verlag.de, Hamburg 2013
Printed in Germany

Meinen Eltern.

Inhaltsverzeichnis

1	**Einleitung**	3
2	**Motivation für die Behandlung des Themas**	4
3	**Historie der elektronischen Spiele mit grafischem Display**	5
	3.1 1959 bis 1973 – Der Beginn des Videospielezeitalters	5
	3.2 1973 bis 1980 – Der Beginn des Computerzeitalters	7
	3.3 1980 bis 1985 – Aufstieg und Fall der Videospielebranche	8
	3.4 1985 bis 1991 – Der Siegeszug von Nintendo und PC	10
	3.5 1991 bis 1995 – Die CD-ROM setzt neue Maßstäbe	12
	3.6 1995 bis 2013 – Spielekonsolen, Mobiltelefone und die Zukunft	13
	3.6.1 Handhelds	13
	3.6.2 Mobiltelefone	14
	3.6.3 Das Internet, der PC und Heimspielekonsolen	15
	3.6.4 Ein Ausblick in die Zukunft	17
4	**Eine Ton-Historie**	17
	4.1 Bit und Sample	17
	4.2 Ausschnitt zur Spielemusik-Historie	18
	4.2.1 Der Soundchip	18
	4.2.2 Soundkarten und die Audio-Entwicklung bis heute	20
5	**Dynamischer, interaktiver und adaptiver Ton**	22
6	**Von synthetischer Musik bis Orchestereinspielung**	23
	6.1 Der Ton in Spielen von den Anfängen bis Mitte der 1980er-Jahre	23
	6.2 MIDI	24
	6.3 Tracker	25
	6.4 Samples und das Ende der Computerspielemusik	26
7	**Entstehung eines Computerspiels**	27
	7.1 Aufgabengebiete der Departements und ihr Bezug zum Sound-Designer	27
	7.2 Phasen der Produktion	29
8	**Komposition einer Spielemusik**	30
	8.1 Anforderungen an den Sound-Designer nach Rod Munday	30
	8.2 Weitere Anforderungen an den Sound-Designer	31
	8.3 Audio-Design	32
	8.3.1 Was ein Sound-Designer beachten sollte	32
	8.3.2 Sprache	33
	8.3.3 Soundeffekte	33

		8.3.4	Ambiente-Sound	34
		8.3.5	Musik	34
	8.4	\multicolumn{2}{l}{Besonderheiten bei Onlinespielen und online spielbaren Spielen}	36
9	\multicolumn{3}{l}{**Filmton und Computerspielton**}	37
10	\multicolumn{3}{l}{**Vermarktung von Spielen und durch Spiele**}	39
11	\multicolumn{3}{l}{**Didaktische Sichtweise**}	42
	11.1	\multicolumn{2}{l}{Einordnung in die Rahmenrichtlinien und Lehrbuchvergleich}	42
	11.2	\multicolumn{2}{l}{Didaktische und methodische Aspekte für den Unterricht}	42
		11.2.1	Orientierung an musikdidaktischen Konzeptionen	43
		11.2.2	Überlegungen zur Methodik anhand einzelner Unterrichtsvorschläge	44
	11.3	\multicolumn{2}{l}{Weitere Unterrichtsvorschläge}	45
	11.4	\multicolumn{2}{l}{Fragen, Aufgaben und eine mögliche Zielorientierung}	46
	11.5	\multicolumn{2}{l}{Beispiele für Unterrichtsinhalte}	51
		11.5.1	Vergleich von Spielton mit anderem Ton	51
		11.5.2	Entwicklung von Spielemusik und Werbung für Computerspiele am Beispiel Super Mario	51
		11.5.3	Was ist (Computer-)Spielen? Was ist Computerspielemusik?	54
		11.5.4	Wirkung von Spielton am Beispiel Age of Empires	55
		11.5.5	Einfluss von Musik auf Spielsucht und Gewalt in Computerspielen	56
		11.5.6	Technische Aspekte der Computerspielemusik	57
		11.5.7	Inhalte zu Musiktheorie und Musikanalyse	58
12	\multicolumn{3}{l}{**Fazit**}	60
13	\multicolumn{3}{l}{**Quellen- und Internetquellenverzeichnis**}	61
14	\multicolumn{3}{l}{**Abbildungsverzeichnis**}	65
15	\multicolumn{3}{l}{**Anhang**}	66
	15.1	\multicolumn{2}{l}{Übersicht der durchgesehenen Schulbücher}	66
	15.2	\multicolumn{2}{l}{Übersicht nach Meinung des Autors besonders hilfreicher Quellen}	67
	15.3	\multicolumn{2}{l}{Übersicht der Fotos und Videos}	68

1. Einleitung

Es ist heute recht normal, Jugendliche unterwegs mit einer tragbaren Spielekonsole anzutreffen - sei es im Bus, im Zug oder auf dem Bürgersteig. Computer und Computerspiele genießen bei vielen Kindern und Jugendlichen eine hohe Beachtung.[1] Die Helden Mario, Link und Solid Snake haben inzwischen Winnetou und Sherlock Holmes weitgehend abgelöst und Diskussionen über Spiele beherrschen nicht selten die alltäglichen Gespräche auf dem Schulhof. Gleichzeitig entflammen medienwirksame Diskussionen zum Thema. Etwa nachdem der Ego-Shooter *Crisis 2* zum besten Spiel des Jahres 2011 gewählt wurde. Die Meinungen zu Computerspielen sind zwar seit ihrer Entstehung sehr kontrovers, doch inzwischen besitzt nahezu die Hälfte aller deutschen Haushalte eine Spielekonsole.[2] Heute zählt das Kernsegment der deutschen Computer- und Videospielindustrie 10.000-15.000 Beschäftigte, es existieren über 18.000 Spiele für verschiedenste Spielekonsolen und den PC, heutige Großproduktionen aus Asien und Nordamerika kosten oft achtstellige Beträge[3] und die erfolgreichsten Spielereihen erreichen inzwischen Verkaufszahlen von über 100 Millionen Exemplaren. Seit mittlerweile 40 Jahren sind diese Spiele mit Sounds und wenig später mit Musik ausgestattet, um das Spielerlebnis noch zu vertiefen.

Bislang waren wissenschaftliche Veröffentlichungen zu Computerspielemusik rar gesät. Erst seit wenigen Jahren ist sie ein umkämpftes Thema der „New Media Theory"[4] und der Einfluss der Musik auf Spieler ist unumstritten. Obwohl Computerspiele ein so zentraler Aspekt im Lebensumfeld der Jugendlichen und Kinder sind und sie mit ihren Klängen beeinflussen, werden Computerspiele im schulischen Unterricht kaum thematisiert.

Dieses Buch beschäftigt sich daher mit den möglichen schulischen Inhalten, welche das Thema Computerspielemusik bereithält und versucht, (angehenden) Lehrern ein meinungsfreies Bild sowie historisch und technisch korrekte Informationen zu Computerspielemusik zu vermitteln. Hierbei wird neben einer allgemeinen Historie zu Computerspielen, Ton in Computerspielen und dem Wandel der verwendeten Musik auch auf die Kompositionsprozedur eingegangen. Vermarktungsstrategien und eine klare Abgrenzung zur verwandten Filmmusik werden ebenfalls thematisiert. Der didaktische Teil soll spezielle Anreize geben, die im Voraus angeführten Informationen ins Unterrichtsgeschehen einzufügen.

Der Autor hatte leider keine Möglichkeit, persönlich mit involvierten Personen zu sprechen. Daher konnte keine abschließende Klarheit über die Verlässlichkeit der Quellen erzielt werden. Zu einigen Sachverhalten wurden widersprüchliche Angaben in der Literatur und im Internet vorgefunden. So konnte beispielsweise nicht geklärt werden, in welchem Jahr das Spiel *Tennis for two* wirklich

---

[1] Vgl. http://www.mpfs.de/fileadmin/JIM-pdf07/JIM-Studie2007.pdf (Stand: 23.08.10:16).
[2] Vgl. http://www.biu.online.de/home/news/01-dezember-2009-familien-ohne-spielekonsolen-bald-in-der-minderheit/ (Stand: 01.08.12).
[3] Vgl. Müller-Lietzkow, S. 245-246, 251.
[4] Vgl. Munday, S. 51.

entstand. Gleichzeitig erhebt dieses Buch keinen Anspruch auf Vollständigkeit der Informationen. Der Umfang der Kapitel wurde so gewählt, dass wichtige Entwicklungsschritte der Computerspielebranche und Aspekte der Gestaltung von Computerspieleton hervortreten und die zusammengefasste Historie didaktisch verwertbar bleibt.

Aus Gründen der Lesbarkeit verwendet der Autor für die Bezeichnung von Personen stets das generische Maskulin. Im Rahmen dieses Buches war es nicht möglich, auf alle Konsolen und Spiele einzugehen. Der Begriff „Ton" umfasst sowohl Sound als auch Musik. Zu allen kursiv gedruckten Wortgruppen sind Fotos beziehungsweise Videos mit dem Namen der Wortgruppe unter der angegebenen Internetseite abrufbar.

2. Motivation für die Behandlung des Themas

Der Autor führte eine Umfrage am Friedrich-Schiller-Gymnasium in Eisenberg durch. Der im Anhang befindliche Fragebogen *„Schülerbefragung zu Spielemusik"* wurde 43 Jungen und 65 Mädchen der Klassen 6 bis 10 im Musikunterricht vorgelegt. Die Auswertung ergab, dass Spielemusik als Thema im Unterricht in den Klassen 8 und 9 weitestgehend auf Ablehnung stieß, vermutlich begründet durch die beginnende Pubertät und den Wunsch, ein persönliches Rückzugsgebiet gegenüber Erwachsenen zu haben, was nicht selten Computerspiele sind. Eine Thematisierung im Unterricht und die damit verbundene Offenlegung und Entmystifizierung sind wahrscheinlich nicht erwünscht. Vor allem Mädchen interessierten sich anscheinend für keines der wählbaren Unterthemen. In den Klassen 7 und 10 war das Interesse jedoch groß, sich mit der Entstehung einer Spielemusik, der Weiterentwicklung in den letzten 20 Jahren oder auch einem Vergleich von Spielemusik mit Pop-Musik oder klassischer Musik zu beschäftigen. Obgleich die Studie von vergleichsweise geringem Umfang und somit nicht repräsentativ war, zeichnet sich dennoch eine Tendenz ab. Nach Meinung des Autors auffällige Werte wurden in der Auswertung grün markiert. Insofern ist der Wunsch, Computerspielemusik im Unterricht zu behandeln, in bestimmten Altersstufen mehrheitlich anzutreffen. Inwiefern Lehrer und Eltern motiviert sind, das Thema in den Unterricht zu integrieren, fällt aufgrund der verschiedenen Ansichten zu Computerspielen vermutlich sehr unterschiedlich aus. Doch anstatt beispielsweise eine Erhöhung der Suchtgefahr durch eine Thematisierung im Musikunterricht zu bewirken, kann diese hier angesprochen und die Schüler über die Hintergründe des Eintauchens in das Spiel aufgeklärt werden. Das Thema Computerspielemusik ist zudem kompatibel mit vielen anderen Bereichen des Musikunterrichts wie etwa Musiktheorie oder Pop-Musik.

Ein weiteres Beispiel ist etwa der Einsatz der *Nintendo Wii* in Hospitälern, um Patienten zur Bewegung zu animieren, oder das Trainieren der Feinmotorik und der Hand-Auge-Koordination. Bei Rückschulungen zur Linkshändigkeit gelten Linkshänder-Computermäuse als attraktive Variante zum Nachziehen von Umrissen und laut Forschern der Universität Rochester können Computerspiele eine Kreativitäts-, Wahrnehmungs- und Entscheidungsförderung bewirken.[5]

Eine klare Gegenposition in Hinsicht auf den Nutzen und Langzeitfolgen der Nutzung von Computer und Internet bezieht der Neurodidaktiker Manfred Spitzer.[6]

3. Historie der elektronischen Spiele mit grafischem Display

Die im Folgenden verwendete Unterteilung des Kapitels in Zeitabschnitte mit Jahreszahlen dient, wie beispielsweise auch in der übrigen Musikgeschichte, lediglich der besseren Orientierung.[7]

3.1 1959 bis 1973 - Der Beginn des Videospielezeitalters

Die Meinungen dazu, welches Computerspiel das erste seiner Art war, gehen auseinander. Vielfach wird das Spiel *Tennis for two*, das vermutlich 1959 vom US-amerikanischen Physiker Willy Higinbotham für einen Tag der offenen Tür des „Brookhaven National Laboratory" entworfen wurde, als das erste Computerspiel bezeichnet, obgleich es bereits 1951 den *Nimrod* mit dem Nim-Spiel und 1952 das Tic-Tac-Toe-Spiel *OXO* gab. An eine Spielemusik oder Hintergrundgeräusche war jedoch weder in diesen, noch im 1961 von Steve Russell entwickelten Spiel *Spacewar* zu denken. Das Spiel war auf einem US-$ 120.000 teuren, mit Transistoren betriebenen *PDP-1* (Programmable Data Processor-1) programmiert worden. Dieser ersetzte am Massachusetts Institute of Technology (MIT) unter anderem den noch mit Vakuumröhren arbeitenden *IBM 709* von IBM (International Business Machines Corporation), für welchen noch über 15 Tonnen Kühlgeräte notwendig waren. Siliziumchips ersetzten die Transistoren-Technologie erst im Verlauf der 1960er-Jahre. Auch die damals revolutionäre Floppy Diskette wurde in den 1960er-Jahren entwickelt und erstmals 1959 kam ein Rechner mit Tastatur und grafischem Display auf den Markt. *Spacewar* war keinem breiten Publikum zugänglich und da das zum Spielen benötigte Gerät zu teuer war, musste der Vermarktungsgedanke fallen gelassen werden. Im Übrigen wurde für *Spacewar* erstmals eine Art Controller entwickelt, um die Bedienung zu erleichtern. Die japanische Firma Sega (Service Games) brachte 1966 mit dem *Sega Periscope* zwar ein relativ erfolgreiches Automaten-Spiel heraus, ob man es aber als Computerspiel bezeichnen kann, ist Ansichtssache, da es keinen Bildschirm als Ausgabemedium verwendete. Das 1968 von William Crowther entwickelte Spiel *The Cave*, auch bekannt als Colossal Cave, in welchem der Spieler eine Höhle namens Mammoth Cave erforscht und Schätze sucht, begründete das Genre der Adventure-Games (dt.: Abenteuer-Spiele). Ohne gra-

---

[5] Vgl. http://www.computerbild.de/artikel/cbs-News-Studie-Gaming-Videospiele-foerdern-Kreativitaet-Gehirnleistung-Untersuchung-7362539.html (Stand: 11.09.2012).
[6] Vgl. http://www.absatzwirtschaft.de/content/online-marketing/news/auslagerung-des-denkens-auf-maschinen-schadet-dem-gehirn;77750;0 (Stand: 27.09.2012).
[7] Für eine tiefergehende Lektüre empfehlen sich Kent und Forster.

fische Darstellungen und nur mit der Möglichkeit dem Rechner über den (Text-)Parser[8] Anweisungen zu geben, nötigten diese Spiele den Spielern viel Fantasie ab.

Im Jahr 1969 wurde das Arpanet fertig entwickelt, der Vorgänger des Internets, und bereits 1972 wurde die erste E-Mail verschickt. Ab 1975 wurde *The Cave* unter dem Namen Advent oder auch mit der Bezeichnung Colossal Cave von William Crowther und Don Woods im Arpanet veröffentlicht, massenhaft heruntergeladen und erfreute sich, wie auch andere bald darauf entstandene Text-Adventures, großer Beliebtheit. Schon 1971 brachten die Firmen Texas Instruments und Intel die ersten Mikroprozessoren auf den Markt. Aufgrund der fortschreitenden technischen Entwicklung verbesserten sich die Möglichkeiten für die Spieleentwürfe allmählich, sodass Nachfolger der reinen Text-Adventures bereits erste Grafikelemente enthielten. Ein Beispiel dafür ist etwa das Spiel *Mystery House* der Firma Sierra Online von 1980 auf dem Heimcomputer *Apple II*.[9]

Kommerzialisiert wurden Videospiele erstmals Anfang der 1970er-Jahre. Ein Vorreiter war *Computer Space*, welches an *Space War* orientiert war und von Nolan Bushnell für den kalifornischen Spielehersteller Nutting Associates produziert wurde. Da das Spiel kaum 1000 Mal verkauft wurde, galt es jedoch als Flop. Als Grund für die schlechten Verkaufszahlen wird angenommen, dass es für die in Bezug auf Videospiele noch unerfahrene Kundschaft zu komplex war. Das 1972 produzierte Münzautomaten[10]-Spiel *Pong* der Firma Atari, gegründet von Nolan Bushnell, wurde hingegen bis 1983 über 8000 Mal verkauft und gilt daher häufig als das erste Computerspiel. In den ersten fünf Jahren nach 1972 stieg die Zahl der Automaten-Neuerscheinungen bereits von zwei auf fünfzig Stück.[11] Dabei sollte *Pong* eigentlich nie von Atari veröffentlicht werden, sondern war von Bushnell nur als Programmierübung für den neuen Mitarbeiter Allan Alcorn gedacht, welcher jedoch binnen weniger Wochen ein passables Spiel daraus machte. Bushnell war in einem Interview mit Spiegel Online 2007 der Ansicht, dass in diesem Moment durch Atari die Games-Branche geboren wurde.[12] Kurze Zeit nach dem Automaten-Spiel *Pong* brachte die Firma Magnavox ein Spiel mit identischem Namen für die *Magnavox Odyssey*, die weltweit erste Heimspielekonsole, auf den Markt und wies in einem Urheberrechtsstreit nach, dass Atari-Gründer Bushnell eine Version des besagten Spiels bei Magnavox gesehen hatte. Zur Nutzung der Patente musste Atari US-$ 700.000 an Magnavox zahlen. Überhaupt war die Idee zu den Spielen der *Magnavox Odyssey*, welche mit Golf- und Ballspielen auch die ersten Sportsimulationen beinhalteten, schon 1966 von Ralph Baer zum Patent angemeldet worden. Er wollte damals eine Alternative zum Fernsehen schaffen, konnte die Idee allerdings zunächst nicht erfolgreich vermarkten.

---

[8] Der Parser ist ein Programm, welches die Eingaben des Anwenders in ein Format umwandelt, welches für die Weiterverarbeitung im Computer geeignet ist.
[9] Vgl. Hofmann/Szczypula, S. 21 f.
[10] Solche Spielautomaten wurden in den USA vermehrt in öffentlichen Spielhäusern, sogenannten Penny Arcades aufgestellt. Die zugehörigen Spiele wurden als Arcade-Spiele bezeichnet.
[11] Vgl. http://www.blog.stadtbibliothek-neuss.de/?cat=177 (Stand: 11.09.2012).
[12] Vgl. http://einestages.spiegel.de/static/topicalbumbackground/784/daddy_daddel.html (Stand: 17.08.12).

Auch in Japan erfreute sich *Pong* großer Beliebtheit und schon 1973 entstanden dort viele Nachbauten. In Deutschland sorgte *Pong* im Fernsehen für Aufregung, als 1977 Thomas Gottschalk beim „Telespiel" Anrufer gegeneinander antreten ließ.

3.2   1973 bis 1980 – Der Beginn des Computerzeitalters

Der erste sogenannte PC (Personal Computer) wurde 1973 von der US-amerikanischen Firma Xerox entwickelt, aber nicht vermarktet, da Xerox zu dieser Zeit mit Kopiergeräten sehr viel Geld verdiente. Der PC trug den Namen *Xerox Alto* und für ihn wurde das Spiel *Maze War*[13] programmiert, welches als der erste, damals noch gewaltfreie, „Ego-Shooter" gilt. Überdies war das Spiel gleichzeitig über zwei vernetzte Computer spielbar, sodass Personen gegeneinander antreten konnten. Nachdem Lucasfilm Games 1985 mit dem Spiel *The Eidolon* den ersten käuflich zu erwerbenden Ego-Shooter produzierte, folgte schließlich 1987 mit einer kommerzialisierten, leicht abgewandelten und aus grafischer Sicht moderneren Weiterentwicklung des Spiels *Maze War* mit dem Namen *Midi-Maze* der erste über ein Netzwerk von bis zu 16 Computern spielbare Ego-Shooter.

Eine erste erkennbare Verbesserung der technischen Möglichkeiten zeigte sich schon in den frühesten Spielen. So wurde 1974 mit *Gran Trak 10* von Atari beispielsweise das erste Rennspiel auf den Markt gebracht. Das erste kommerzielle Pen&Paper-Rollenspiel[14] war *Dungeons & Dragons* (D&D, dt.: Verliese und Drachen) von Gary Gygax[15], ebenfalls aus dem Jahr 1974 und noch im selben Jahr wurde mit dem Spiel *dnd* das erste Computerrollenspiel in Form einer Nachahmung von *Dungeons & Dragons* programmiert. 1976 erschien die erste 3D-Rennsimulation *Night Driver*, welche aus ihrer technischen Beschränktheit heraus ohne grafischen Hintergrund programmiert wurde. Auf dem *Apple II* erschien 1978 *Dungeon Campaign* mit erster grafischer Darstellung des umkämpften Verlieses, aber ähnlich spartanisch wie in *Mystery House*, und 1979 Ultima mit einer eigenen erforschbaren Rollenspielwelt im Sinne von J. R. R. Tolkiens „Der Herr der Ringe". Das 1980 veröffentlichte Spiel *Wizardry* bestand zwar nur aus Waffengeschäft, Kneipe und immer neu generierten Verliesen, aber auch einer sechsköpfigen Heldengruppe, deren Entwicklung von Erfahrungspunkten abhing.

1977 erschien die *Atari VCS 2600* (Video Computer System), die erste programmierbare Heimspielekonsole. Mit der Entwicklung von *Space Invaders* durch die japanische Firma Taito im Jahr 1978 und der Übernahme des Spiels durch Atari auf die *Atari VCS 2600* im Jahr 1979 gelang der Konsole mit 30 Millionen verkauften Geräten der große Durchbruch und Heimspielekonsolen begannen

---

[13] Kursiv gedruckte Ego-Shooter sind in den Videos „Die Geschichte der Ego-Shooter" enthalten.
[14] Bei dieser ursprünglichen Variante werden alle wichtigen Informationen zu Charakteren und Spielverlauf mit Stift und Papier festgehalten. Ein Spielleiter, auch Meister oder Dungeon Master genannt, führt die Mitwirkenden durch ein Rollenspielabenteuer. Zum papierenen Material gehören oft Spielwelt-Beschreibungen und Spielregel-Handbücher und sehr häufig werden Spielwürfel oder Ähnliches als Zufallselemente verwendet, etwa um zu ermitteln, ob ein Angriff erfolgreich oder ein Fehlschlag war.
[15] Vgl. Jendereck, S. 316.

die Arcade-Automaten immer mehr vom Markt zu verdrängen. Zu dieser Zeit entstanden viele neue, kleine Unternehmen, welche den Erfolg der Spielebranche für sich nutzen wollten.

Ebenfalls 1977 legten die Firmen Tandy mit dem *Tandy TRS-80* (Tandy RadioShack), Apple mit dem *Apple II* und Commodore mit dem *CBM Pet* (Commodore Business Machines) den Grundstein für die käuflich zu erwerbenden und preislich erschwinglichen Heimcomputer, wobei Apple sich frühzeitig auf die Grafik spezialisierte und daher auf Spiele ausgelegt war. Der *Tandy TRS-80* und der *CBM Pet* waren eher für Textverarbeitung konzipiert und daher beispielsweise für Schulen attraktiver, um Spielereien zu unterbinden. Der Apple-Mitbegründer und frühere Atari-Mitarbeiter Steve Wozniak meinte:

„Viele der Features wurden eingebaut, weil ich davor Breakout entwickelt hatte. [...] Farben, damit Spiele programmiert werden konnten. [...] Ich ließ einen Ball herumhüpfen und dachte „Das braucht noch Sound". Deshalb baute ich einen Lautsprecher ein. Das war nicht geplant, sondern eher ein Unfall. Ich musste auch einen Schaltkreis für den Paddle-Controller entwickeln [...]. Die Fähigkeiten, die den Apple II so hervorragend machten, kamen alle von einem Spiel."[16]

Breakout, 1976 von Steve Wozniak bei Atari programmiert, wurde so zur treibenden Kraft der *Apple-II*-Entwicklung und sorgte unter anderem für den Einbau eines internen Lautsprechers. Spiele wurden damals häufig für verschiedene Formate programmiert, um möglichst vielen Menschen das Spiel zugänglich zu machen und so die Verkaufszahlen kostengünstig zu erhöhen. Außerdem wollten konkurrierende Firmen, ungeachtet der Abgaben an die Patentinhaber, am Gewinn teilhaben. *Breakout* war das erste Spiel, welches in Software[17] programmiert wurde, wobei Wozniak die selbst geschriebene Programmiersprache Integer BASIC nutzte. Viele Spieledesigner der damaligen Zeit arbeiteten mit dem *Apple II*. Bis einschließlich 1982 galt der *Apple II* als wichtigster Heimcomputer neben dem wesentlich teureren *Atari 800* von 1979. Der *Atari 800* wurde sowohl als Heimcomputer als auch als Spielekonsole entwickelt und verwendete für die damalige Zeit revolutionäre Technik. Ein weiterer Konkurrent war ab 1982 der *Commodore 64* (*C 64*), welcher anstelle eines Monitors den Fernseher als Ausgabegerät nutzte.

3.3 1980 bis 1985 – Aufstieg und Fall der Videospielebranche

1980 entstand das Spiel Multi User Dungeon als Hommage an das Spiel *Dungeon Campaign* von 1978, welches das gleichnamige Genre (MUD) begründete. Programmiert wurde es von Roy Trubshaw und gilt als Prototyp des Online-Rollenspiels. Das Spiel lief über das Netzwerk der Universität Essex, sodass mehrere Spieler gleichzeitig spielen konnten.

---

[16] S. Forster, S. 19.
[17] Software (dt.: „weiche Ware") umfasst alle nicht-physischen Komponenten eines Computers, wie etwa Programme und Daten.

Des Weiteren erschien Ende April 1980 das Handheld (tragbare Spielekonsole) *Nintendo Game & Watch* und verhalf der japanischen Firma Nintendo, welche bis dahin nur in der Arcade-Automaten-Szene mitwirkte, damit zum Durchbruch. Das *Nintendo Game & Watch* stellte die erste erfolgreich vermarktete, tragbare Spielekonsole nach dem *Microvision* der Firma Milton Bradley dar, dem ersten Handheld überhaupt.

Im Juli 1980 brachte die japanische Firma Namco den Spielautomaten *Pac-Man* (jap.: paku paku, dt.: essen, „happa happa") auf den Markt. Die gelbe Kreisscheibe *Pac-Man* wurde der erste berühmte Spielcharakter. Da die *Pac-Man-Automaten* häufig auch außerhalb von Spielhallen, etwa in Flughallen oder auch vor Friseurläden aufgestellt wurden und verglichen beispielsweise mit *Space Invaders* keinen kriegerischen Spielinhalt hatten, animierten sie auch Frauen zum Spielen. Um diesen Effekt noch zu verstärken, hieß der erste Nachfolger *Ms. Pac-Man* und beinhaltete neben einer weiblichen gelben Kreisscheibe mit roter Haarschleife auch rosa Labyrinthe. 1982 wählte die Zeitschrift MAD *Pac-Man* sogar zum „Man of the Year".[18]

Die erste deutsche Computerspiele-Zeitschrift hieß *Telematch* und erschien im Dezember 1982.[19] Hier wurden aktuelle Spiele und neue Technik unter die Lupe genommen. Die erste Computer-Fachzeitschrift erschien hingegen bereits 1978. Es war die noch heute in mehr als 10 Ländern verkaufte CHIP.[20]

1981 schrieb Nintendo Geschichte, als sie im Arcade-Spiel *Donkey Kong* den pixeligen Zimmermann Jumpman eine schöne Prinzessin vor einem Gorilla retten ließ. Besagter Zimmermann ist heute als Klempner Mario aus vielen gleichnamigen Spielen bekannt.

Durch einen gerichtlichen Beschluss von 1982 durften Spiele für eine bestimmte Konsole von nun an auch von anderen Herstellern entwickelt werden, was die Monopolstellung des jeweiligen Konsolenherstellers beendete. So nahm noch im selben Jahr neben der Anzahl der Spiele auch die Anzahl der Hersteller massiv zu - Spielekonsolen gab es ohnehin bereits viele. Unmengen an qualitativ schlechten Spielen überschwemmten den Markt und verunsicherten die Konsumenten.

1981 erschien mit dem *IBM 5150 Personal Computer* von IBM der erste PC mit MS-DOS. Technisch zwar kein Meilenstein wurde der *IBM 5150 Personal Computer* dennoch ein Erfolg, etwa weil MS-DOS abwärtskompatibel[21] gestaltet war und IBM als Hersteller von Großrechnern von Kunden am ehesten zugetraut wurde, dem verbreiteten Bedürfnis nach der Etablierung von Standards zu entsprechen. Des Weiteren erschien 1982 mit dem *C 64* einer der ersten Heimcomputer, welcher neben Textverarbeitung auch qualitativ hochwertiges Spielen ermöglichte. Diese Vielseitigkeit erschien vielen Eltern für ihre Kinder zweckmäßiger als eine Spielekonsole. Außerhalb

---

[18] Vgl. http://www.zutco.com/bk_featured_1.htm (Stand: 11.09.2012).
[19] Vgl. http://www.videospielgeschichten.de/telematch.html (Stand: 17.06.12).
[20] Vgl. http://www.chip.de/downloads/CHIP-Ausgabe-No.-1_13010360.html (Stand: 27.09.2012).
[21] Abwärtskompatibilität bedeutet im Bereich der Computerspiele meist, dass Spiele einer Konsole auf einer neueren Konsole ebenfalls gespielt werden können.

Amerikas wurden viele Spiele für Atari- oder Apple-Software erst durch den *C 64* bekannt. Die Heimcomputer sorgten insofern für weitere ernst zu nehmende Konkurrenz auf dem Spielemarkt, da sie mit zusätzlich erwerbbaren Soundchips - später mit Soundkarten - bessere Toneigenschaften erlangten. Im Jahr 1983 wurde der Computer vom Time Magazin zum Mann des Jahres gekürt. Ebenfalls 1983 brachte Apple den *Apple Lisa* auf den Markt. Er wird weithin als erster PC mit grafischer Benutzeroberfläche (engl.: GUI für „Graphical User Interface") und Computermaus bezeichnet. Der schon 1973 erschienene *Xerox Alto* von Xerox wies jedoch bereits eine Maus und auch GUI auf und inspirierte Steve Jobs 1979 bei einem Besuch bei Xerox zum *Apple Lisa*[22]; und obwohl der *Apple Lisa* floppte, war sein Nachfolger, der *Apple Macintosh* von 1984, ein großer Erfolg. Die Maus ersparte den Umgang mit Anweisungen an den Computer, welche bislang stets im Parser eingegeben werden mussten. Dies erleichterte vor allem Neulingen den Umgang mit dem PC und ließ sich somit gut vermarkten. Infolge dieser komplexen Vorgeschichte kam es 1983/84 zum sogenannten „Video Game Crash", dem wirtschaftlichen Zusammenbruch der Videospielindustrie in den USA. In jenem Zeitraum kam der gesamte Videospielmarkt zum Erliegen. Der Umsatz der Branche sank 1983 von US-$ 3 Milliarden auf US-$ 100 Millionen.[23]

3.4   1985 bis 1991 – Der Siegeszug von Nintendo und PC
Obgleich Nintendo in Japan als eine von vielen Konsolenentwicklern zunächst bestehen konnte und mit dem *Nintendo Famicom* (Familiencomputer) 1983 die zu jener Zeit namhafte japanische Konkurrenz wie Takara, Epoch, Bandai oder Casio um Längen schlug, verwehrten ihr Atari, Apple, Commodore und Schneider den Durchbruch auf dem US-amerikanischen und europäischen Markt. Die Controller des *Nintendo Famicom* enthielten eine Weltneuheit: In den zweiten der beiden mitgelieferten Controller war ein Mikrofon mit Lautstärkeregler eingebaut, mit welchem man in *The Legend of Zelda* großohrige Monster durch Schreien verscheuchen konnte oder in einem *„Abenteuer um den japanischen Schauspieler „Beat" Takeshi [...] ins Mikrofon singen [musste]."*[24]
Im Juni 1985 begann mit dem Erscheinen des *Nintendo Entertainment System* (*NES*) in den USA die Erfolgsgeschichte Nintendos. Das *NES* entsprach bis auf ein neues Gehäuse im Wesentlichen dem *Nintendo Famicom* und wurde zusammen mit dem in Japan bereits sehr populären Spiel *Super-Mario-Bros.* in den USA auf den Markt gebracht. Bis zum Ende der 1980er-Jahre brach das Spiel alle Verkaufsrekorde. Obwohl das *NES* in Hinblick auf die Technik hinter anderen Konsolen zurück blieb, war es dafür preisgünstig und konnte bei Kindern und Familien punkten. Da Japan vom „Video Game Crash" weitgehend verschont blieb und es keinen so großen Marktführer gab, wie zum Beispiel Atari in den USA, erlitten viele Hersteller wie etwa Nintendo keine größeren

---

[22] Vgl. http://www.mac-history.de/die-geschichte-des-apple-macintosh/reicher-nachbar-mit-offenen-turen-apple-und-xerox-parc (Stand: 11.09.2012).
[23] Vgl. http://www.was-war-wann.de/geschichte/geschichte_der_spielkonsole.html (Stand: 30.08.2012).
[24] S. Forster, S. 84.

Verluste. Durch den „Video Game Crash", welcher die westliche Konkurrenz stark geschwächt hatte, konnten nun auch japanische Konsolen auf dem amerikanischen und europäischen Markt Erfolge erzielen. Mit rund 62 Millionen[25] verkauften Konsolen wurde das *NES* erst 1989 vom *Nintendo Game Boy* übertrumpft. Es bot die technischen Grundlagen für Spiele wie *Donkey Kong*, *The Legend of Zelda* oder das russische *Tetris*, welche heute als Klassiker gelten. Konkurrenz in den USA fand sich erst 1986 durch die Konsole *Sega Master System* von Sega. Bis zum Erscheinen der *Sony Playstation* von Sony im September 1995 teilten Nintendo und Sega den europäischen und amerikanischen Videospielemarkt fast komplett unter sich auf.

Währenddessen lieferten sich der *IBM PC/AT,* der *Apple Macintosh*, der *Atari ST* und der *Commodore Amiga 1000* einen erbitterten Kampf um die westliche Heimcomputer-Kundschaft und *NEC PC-Engine* und *Sharp X68000* beherrschten den östlichen Heimcomputer-Markt. Der *IBM PC/AT* mit seiner von den Spieleherstellern Microprose und SSI als „armselig" bezeichneten PC-Grafik[26] konnte erst Ende der 1980er-Jahre in technischer Hinsicht zu den anderen PC aufschließen und wurde in Deutschland sogar zum Marktführer, auf welchem erstklassige 3D-Simulationen, Rollen- und Abenteuerspiele liefen. Generell begann der PC Ende der 1980er-Jahre immer mehr zum Standardzubehör eines Haushaltes zu gehören, was in gleichem Maße die Anzahl produzierter Spiele für PC erhöhte. Ab 1992 gelang es den PC langsam, die Konkurrenz abzuschütteln, nicht zuletzt durch den einschlagenden Erfolg des Internets.[27]

Mit den neuen PC hatte sich zwar die Optik und die Akustik weiterentwickelt, aber spielerisches Neuland eröffnete die neue Hardware nicht. Daher testeten viele US-Firmen die Akzeptanz beim Konsumenten zunächst durch mehrere Nachfolger bekannter Spielereihen wie *Bard's Tale* oder *King's Quest*.[28]

Lucasfilm Games (ab 1991 LucasArts) entwickelte ab 1987 Adventure-Games für PC, angefangen mit *Maniac Mansion*, einem noch heute sehr beliebten Spiel. Große Berühmtheit erlangte 1990 das Lucasfilm-Games-Spiel *The Secret of Monkey Island*. Es wird selbst mit *Maniac Mansion* als bekanntem Vorgänger vielfach als Begründer des sogenannten Point-and-Click[29]-Adventures (dt.: Zeigen-und-Klicken-Abenteuer) bezeichnet. Aber dieser Ehrentitel steht dem 1985 von Mindscape entwickelten Spiel *Déjà Vu* zu, welches ebenfalls für viele verschiedene PC adaptiert wurde. Das Genre Adventure wurde erst Anfang der 1990er-Jahre verdrängt. Großen Anteil daran hatte die Entstehung von ID Softwares 3D-Ego-Shootern *Catacomb 3-D*, *Wolfenstein 3D,* einem der ersten erfolgreich als Shareware vermarkteten Spiele, und *Doom*. Vor allem die beiden letztgenannten Spiele verursachten in der Öffentlichkeit erste große Proteste gegen das Spielgenre Ego-Shooter,

---

[25] Vgl. Forster, S. 80.
[26] Vgl. ebd., S. 99.
[27] Vgl. ebd., S. 98-110.
[28] Vgl. ebd., S. 96.
[29] Point-and-Click ist ein Bedienungskonzept für Computerprogramme, bei dem mit einem grafisch dargestellten Anzeiger auf einen Bereich geklickt wird, woraufhin eine vordefinierte Aktion ausgeführt wird.

welche bis heute andauern. Jüngstes Beispiel ist die Auszeichnung des Spiels *Crysis 2* als bestem Spiel des Jahres 2011. Dieses Ereignis erregte öffentliches Ärgernis und löste sogar eine kontroverse Debatte zu diesem Thema in politischen Kreisen aus.[30]

Generell war zu jener Zeit der Grundstein zu den meisten heute bekannten Spielgenres gelegt. Anfang der 1990er-Jahre wurden die Prozessoren leistungsfähiger, wodurch massive Fortschritte im Bereich der 3D-Animation erzielt wurden, was wiederum die Spiele viel realistischer wirken ließ.[31]

3.5 1991 bis 1995 – Die CD-ROM setzt neue Maßstäbe

Nachdem Ende der 1980er-Jahre der Absatzmarkt für die Compact Disc (CD) immer weiter gewachsen und sie neben der einfachen Audiowiedergabe auch zur Speicherung von Daten für den PC fähig war, begann sich auch die Spielindustrie für die kleine Scheibe, welche den 400-fachen Speicherplatz einer Diskette besaß, zu interessieren. Vor allem die amerikanischen Adventure-Hersteller bejubelten diese Entwicklung aufgrund der Datenmengen eines Adventure-Games. Die Ersten, welche die CD-ROM (Read-Only-Memory, dt.: Festspeicher) als Datenträger im Bereich Computerspiele nutzen wollten, waren der holländische Elektronik-Konzern Philips mit der Konsole *Philips CD-i* und 3DO, die von Electronic-Arts-Gründer Trip Hawkins gegründete Firma, mit dem *3DO Interactive Multiplayer*. Während Philips mit seiner eigenen CD-i zu spät die Vorzüge des massiven Speicherzuwachses erkannte und sich so die Kundschaft verspielte, war die Konsole von 3DO zunächst zu teuer und vielen Spieleherstellern fehlte der Innovationsgeist, sodass lediglich ältere Spiele für die Konsole konvertiert wurden. Als Electronic Arts schließlich das erste *Need for Speed* für den *3DO Interactive Multiplayer* herausbrachte, war das Vertrauen der Kunden schon zu sehr erschüttert.[32]

Wie schon angedeutet, übernahmen Nintendo und Sega den US-amerikanischen und europäischen Markt, wobei Sega als erster erfolgreicher Kontrahent Nintendos bei den westlichen Programmierern beliebt war, da diese das Diktat des Marktriesen beendet sehen wollten. Nur wenige japanische Fremdhersteller nahmen Kontakt zu Sega auf, da man die Reaktion Nintendos fürchtete. Mit dem *Sega Mega Drive* (in den USA als *Sega Genesis* vermarktet) ließ Sega in Bezug auf die Grafik alle Konkurrenten hinter sich zurück. Nachdem mit dem blauen Igel Sonic aus dem Spiel *Sonic the Hedgehog* ein eigenes Maskottchen gefunden war, meinte der damalige Electronic Arts-Manager Bing Gordon: *„Das Genesis erreicht eine ältere Zielgruppe als Nintendo. Das ist der Wachstumsmarkt für die zweite Hälfte der 1990er-Jahre."*[33] Damit sollte er nur zum Teil Recht behalten, denn Mitte der 1990er-Jahre geriet Sega immer mehr in eine Krise. Das *Sega Game Gear* schnitt im

---

[30] Vgl. http://www.spiegel.de/netzwelt/netzpolitik/deutscher-computerspielpreis-ego-shooter-crysis-2-gewinner-a-829989.html (Stand: 01.09.2012).
[31] Vgl. Forster, S. 144, 145.
[32] Vgl. ebd., S. 146-153.
[33] S. Forster, S. 125.

Vergleich zum *Nintendo Game Boy*[34], schlecht ab. Der *Nintendo Game Boy*, bis heute 120 Millionen Mal verkauft, wurde mit dem Spiel *Tetris* und einem Link-Kabel (Vernetzungs-Kabel) ausgeliefert, was ihn attraktiver für die Kunden machte. Als 1994 nach mehreren Modernisierungsversuchen das *Sega Mega Drive* für die Käufer neben dem *Super Nintendo Entertainment System* (*SNES*) von 1990 immer uninteressanter wurde, sollte nun 1994 die *Sega Saturn* den Aufschwung bringen. Aber nur einen Monat nach der *Sega Saturn* brachte der japanische Elektronik-Konzern Sony mit der *Sony Playstation* seine erste Konsole auf den Markt und landete überraschend einen einzigartigen Welterfolg. Eigentlich sollte Sony eine CD-ROM-Erweiterung für das *SNES* entwickeln, doch Nintendo vergraulte ihren Partner. Durch gekonnte Bewerbung der neuartigen 3D-Animationen in Echtzeit, vor allem mit dem Spiel *Ridge Racer*, begeisterte Sony die Spielerschaft, sodass nach einem Jahr bereits drei Millionen Konsolen verkauft waren. Noch bevor Nintendo 1996 mit der *Nintendo 64* effektiv reagieren konnte, war Sony auf dem Gebiet der Heimspielekonsolen marktführend.[35] Von jetzt an waren Vektoren, Polygone, Textur- und Perspektiven-Korrektur und die Grafik von zentraler Wichtigkeit.

Durch weiter steigende Leistungsfähigkeit und Speicherplatzzuwachs wurden nach den rundenbasierten Strategiespielen auch rechenaufwendige Echtzeit-Strategiespiele für den PC möglich. Nachdem das Spiel *Dune II* durch seinen großen Erfolg 1992 dieses Genre belebte, folgten mit *Command & Conquer*, der Microsoft Games-Produktion *Age of Empires* und *Sudden Strike* von CDV richtungsweisende Kassenschlager.

3.6 1995 bis 2013 – Spielekonsolen, Mobiltelefone und die Zukunft

Die nachfolgende Historie gliedert sich aus Gründen der besseren historischen Nachvollziehbarkeit in Handhelds, Mobiltelefone und den PC zusammen mit Heimspielekonsolen.

3.6.1 Handhelds

1999 versuchte die japanische Konkurrenz den *Nintendo Game Boy* vom Thron der Handhelds zu stoßen. Doch weder das actionlastige *Neo Geo Pocket* von Neo Geo noch das eher auf Mädchen ausgelegte *Bandai Wonderswan* von Bandai konnte die Vorherrschaft des *Nintendo Game Boy*, dem damaligen Synonym der Marktführerschaft Nintendos, beenden. Begründet lag das unter anderem darin, dass ab 1996 der große *Pokémon* (Pocket Monsters)-Boom einsetzte, wodurch das Handheld wieder in den Fokus der Öffentlichkeit rückte. Mit dem abwärtskompatiblen *Nintendo Game Boy Advance* landete Nintendo 2001 den Nachfolge-Hit zum *Nintendo Game Boy* und nachdem Nintendo den Markt der Handhelds nun scheinbar endgültig beherrschte, übertraf die Firma Ende 2004 mit dem *Nintendo DS* (Double Screen) alles Bisherige. Das *Nintendo DS* war in mehr-

---

[34] Der *Nintendo Game Boy* wurde von Nintendo in den Maßen des Goldenen Schnitts entworfen.
[35] Vgl. Forster, S. 159.

facher Hinsicht mit Innovationen ausgestattet: zwei Displays, Touch-Steuerung inklusive Plastikstift, Mikrofon zur Spracheingabe und Wireless LAN (Wireless Local Area Network, dt.: Kabelloses, lokales Netzwerk).[36] Obwohl auch in den eigenen Reihen Argwohn herrschte, ob so viele Neuerungen den Konsumenten nicht gar überfordern würden, sorgten neue Spielekonzepte wie *Nintendogs* oder Denkspiele, beispielsweise *Dr. Kawashimas Gehirn-Jogging*, für rasant steigende Verkaufszahlen. Wenige Monate später erschien die *Sony Playstation Portable* (*PSP*), welche neben hervorragenden Spielemöglichkeiten zusätzlich zum Abspielen von Musik und Filmen geeignet war. Datenträger war Sonys neues *UMD* (Universal Media Disc)-Format, eine Mini-DVD. Trotz überlegener Technik erreicht die etwas teurere *PSP* bis heute nicht die Verkaufszahlen des *Nintendo DS*, da vor allem Einsteiger und Gelegenheitsspieler eher zu den innovativen Spielen des *Nintendo DS* neigen.[37] Das 3D-fähige, 2011 erschienene, *Nintendo 3DS* setzte erneut auf gänzlich neuartige Handheld-Technik.

Vor allem im Bereich der Handhelds kristallisierte sich die Differenz im Anspruch der Firmen Nintendo und Sony heraus. Während Sony eher mit neuester Technik, besonders im audiovisuellen Bereich, zu begeistern versucht, verlässt sich Nintendo mehr auf optimale Benutzerfreundlichkeit und attraktive neue Spielekonzepte.

Nach einigen Erweiterungen und Varianten der drei letztgenannten Handhelds sind die neuesten Entwicklungen in diesem Bereich die in den USA und Europa seit Februar 2012 erhältliche *Sony Playstation Vita*, welche bereits 1,2 Millionen Mal verkauft wurde, und die für Ende 2012 angekündigte *Nintendo Wii U*. Auch Microsoft scheint laut Computerbild mit der Entwicklung von *Microsoft Xbox Smart Glass* am Gewinn teilhaben zu wollen.[38] Angestrebt wird vor allem eine grafische, spielverlaufbezogene Kommunikation der Handhelds oder Tablet-PC mit dem Fernsehbildschirm und mit anderem Spielezubehör.

3.6.2 Mobiltelefone

Um die Jahrtausendwende entstand mit den Mobiltelefonen ein weiterer Gerätetyp, welcher mit Heimspielekonsolen konkurrierte. Viele klassische Spiele aus den 1980er-Jahren, vor allem Arcade-Games, wurden neu produziert und sorgten für den kleinen Spaß unterwegs. Mit Spielen wie *Snake* und *Memory* auf zweifarbigen Displays der 1990er-Jahre konnte man noch nicht ernsthaft von Konkurrenz seitens der Mobiltelefone sprechen, aber der Markt entwickelte sich bald weiter. Parallel zum ab 1992 einsetzenden SMS-Verkehr konnten nun auch Spiele per SMS auf das Handy geladen werden. Mit dem Aufkeimen des Internets war bald auch das Herunterladen von Spielen möglich, sodass nach den ersten Klingelton-Downloads in Japan 1999 im Jahr 2002 auch Spiele

---

[36] Vgl. Forster, S. 200.
[37] Vgl. ebd., S. 200-203.
[38] Vgl.www.computerbild.de/artikel/cds-News-Xbox-360-Xbox-Smart-Glass-Microsoft-7613950.html (Stand: 16.08.12).

wie *Pac-Man* im Internet zu kaufen waren. Ebenfalls 1999 erschien das erste Mobiltelefon mit integrierter Kamera. Das „Mobil-Revival" der ertragreichen Spiele der Arcade-Automaten, des *SNES* und der *Sony Playstation* war die Folge.[39] Die 2000 gegründete Firma Jesta Digital GmbH, in Deutschland bekannt unter dem Namen „Jamba", investierte im Jahr 2004 ganze US-$ 90 Millionen in deutsche Fernsehwerbung und konnte mit Handyklingeltönen und Java-Spielen gewaltige Gewinne einfahren, wobei die Bezahlung über die Telefonrechnung gemanagt wurde. In den letzten zehn Jahren verbesserten sich die technischen Voraussetzungen für Spiele zunehmend, sodass inzwischen viele Spielgenres für Mobiltelefone realisiert werden konnten.

Den Handhelds ähnlich steigerten sich die Fähigkeiten der Mobiltelefone vom schlichten Telefonieren hin zum Gebrauch als Kalender, Mini-Computer, MP3-Player, Kamera oder auch Routenplaner. Der Einsatz von Touch-Screens barg wiederum neue Spielekonzepte in sich. Der Markt für Mobiltelefonspiele ist heute stark umkämpft.

Seit Oktober 2010 versucht auch Microsoft mit dem mit Windows 7 betriebenen *Windows Phone 7* Nokia, Samsung, Apple und LG Konkurrenz zu machen. Im Februar 2011 begann gar eine Zusammenarbeit zwischen Nokia und Windows und seit 2012 wird zusätzlich das mit Windows 8 betriebene *Windows Phone 8* vertrieben.

3.6.3 Das Internet, der PC und Heimspielekonsolen

Nachdem 1991 am europäischen Kernforschungszentrum CERN das erste Hypertext Transfer Protocol (http) zur Datenübertragung über Netzwerke entworfen worden war und ab 1993 mit dem ersten grafikfähigen Webbrowser namens Mosaic die Inhalte des World Wide Web[40] darstellbar wurden, war „*Mitte der 90er [...] die Internet-Hysterie auf ihrem Höhepunkt.*"[41] Jeder, der eine ausreichend gute Internetverbindung besaß, konnte im Internet bei einem virtuellen Kartenspiel gegen Spieler anderer Kontinente antreten, ab 1999 auch im kostenlos herunterladbaren Ego-Shooter *Counterstrike*.[42] Auch die sogenannten LAN-Partys waren vor allem bei männlichen Jugendlichen beliebt und sorgten für kilometerweite PC-Transporte. Die neuen Möglichkeiten, welche das Internet bot, erhöhten nun auch die Akzeptanz bei Frauen und Senioren.

In Bezug auf das Internet darf man ab 1998 allerdings keinesfalls mehr nur vom PC sprechen, denn in diesem Jahr brachte Sega mit der internetfähigen *Sega Dreamcast* ihre bis heute letzte Konsole heraus. Mit serienmäßig beigelegtem Modem, unter Verwendung von sogenannten GD-Scheiben mit gut einem Gigabyte Speicherkapazität und dennoch einem Preis von nur umgerechnet 200 € etablierte sich Sega erstmals wieder am Spielemarkt. Der Erfolg währte jedoch durch das Erschei-

---

[39] Vgl. Forster, S. 171.
[40] Informationen zur Entwicklung des Internet sind im Video „Das Internet - eine Arte-Dokumentation" enthalten.
[41] S. Forster, S. 170.
[42] Vgl. Forster, S. 170.

nen der *Sony Playstation 2* nur kurz und Sega wandelte sich in der Folge vom Hardware-Hersteller zur reinen Software-Firma. Die *Sony Playstation 2* war kompatibel zum Vorgänger und eignete sich zum Abspielen von Film-DVDs. Durch die Aura des Erfolgs, welche die *Sony Playstation* hinterlassen hatte, zweifelte niemand am Siegeszug der mit anfangs umgerechnet 450 € recht teuren *Sony Playstation 2* und alle großen Spielehersteller unterstützten die Konsole. Die rasant ansteigende Auswahl an Spielen begünstigte wiederum den Verkauf. Im ersten Jahr wurden weltweit 20 Millionen Stück verkauft. Nachdem 2004 das Spiel *Singstar* erschien, konnte Sony auch bei Spielerinnen punkten. Trotz des Erscheinens der mit einem Neupreis von mindestens US-$ 500 teuren *Sony Playstation 3* im Jahr 2006 wird die *Sony Playstation 2* bis heute verkauft. Ungeachtet des anfänglich hohen Preises, welcher inzwischen auf die Hälfte abgesunken ist, und der inzwischen fehlenden Abwärtskompatibilität wurden bis heute 62 Millionen Exemplare der *Sony Playstation 3* verkauft. Japanische Konkurrenz zur *Playstation 2* fand sich im mit etwa 200 € recht preisgünstigen *Nintendo GameCube*, der als transportable und leicht zu bedienende Spielemaschine beworben wurde. Durch die Kompatibilität mit dem *Game Boy Advance* schloss Nintendo die Lücke zum *Nintendo Game Boy*. Allerdings waren weder Musik-CDs noch DVD-Filme abspielbar und auch internetfähig war die Konsole anfangs nicht. Als ab 2003 Zusatzhardware verkauft wurde, lohnten sich die Online-Funktionen nicht, da nur drei Spiele auf den Markt kamen. Insgesamt konnte die Konsole nie zur *Sony Playstation 2* aufschließen.

2001 gab es erstmals seit Jahren auch wieder ernst zu nehmende Konkurrenz aus den USA. Mit der *Microsoft Xbox* ging Microsoft in die Offensive. Die Konsole war technisch stärker als die Konkurrenz, besaß eine Festplatte, ein Modem und gegen Aufpreis wurde der DVD-Player aktiviert, womit Film-DVDs abgespielt werden konnten. Auch im Bereich der Vernetzung war Microsoft der Konkurrenz voraus. Bis Mitte 2005 hatten sich zwei Millionen Spieler beim Online-Dienst Xbox Live registriert und wurden dort stetig von Electronic Arts, Ubi Soft und anderen Spieleherstellern mit Multiplayer-Spielen und Downloads versorgt. Auf diese Stärke baute auch die 2005 erschienene *Microsoft Xbox360*. Dank des zeitlichen Vorsprungs zu *Sony Playstation 3* und *Nintendo Wii* und aufgrund des geringen Preises sind bis heute rund 66 Millionen *Microsoft Xbox360* verkauft.[43] Ein bemerkenswertes Zubehör ist seit 2010 erhältlich: die *Kinect*, welche mit Hilfe von Kamera und Infrarotsensor die Bewegungen des Spielers auf den Bildschirm überträgt, im Gegensatz zu den Konsolen von Sony und Nintendo allerdings ohne Controller. Trotzdem wird die leistungsschwächere *Nintendo Wii* in den Medien bislang als erfolgreicher bezeichnet, was letztlich mit den etwa 95 Millionen verkauften Modellen begründbar ist.[44]

---

[43] Vgl. Forster, S. 194-211.
[44] Vgl. http://www.gbase.de/global/news/0/Nintendo-Aktuelle-Verkaufszahlen-53218.html (Stand: 11.09.2012).

3.6.4 Ein Ausblick in die Zukunft

In Bezug auf die Technik der Spielekonsolen soll ein Zitat Winnie Forsters angeführt werden, welches dem Leser eine Vorstellung der rasanten Entwicklung in diesem Bereich vermittelt:

„Anfang der 1980er-Jahre lief das Videospiel der TV- und Computertechnik noch hinterher, hochauflösende Grafik, viele Farben und Stereo-Ton lockten als Fernziel. Ab 1990 holen 16- und 32-Bit-Geräte zu PC und teurer Unterhaltungselektronik auf, 2000 erreichen Playstation 2 *und* Xbox *audiovisuellen Realismus. Im 21. Jahrhundert schließlich übertrumpfen Konsolen alle anderen Entertainment-Geräte: Mit DVD, digitalem Raumklang und drahtloser Breitband-Anbindung, mit True-Color- und Progressiv-Scan-Bild sind Konsolen plötzlich die fortschrittlichsten Geräte im Haushalt."*[45]

Da eine Konsole mindestens sechs Jahre überdauern sollte, wäre nun im Jahr 2012 die nächste Generation fällig. Laut Medienberichten ist die *Microsoft Xbox 720* für 2013 in Planung.[46] Neue Konkurrenz ist für 2013 in Form der auf Free-to-Play-Spiele[47] setzenden Konsole *Ouya* angekündigt. Zu welchen technischen Höhen PC und weitere Spielekonsolen noch in der Lage sein werden, kann wohl niemand mit Sicherheit vorhersagen, vor allem wenn man bedenkt, dass aktuelle PC-Grafikkarten bereits 24-mal leistungsfähiger sind als die der *Microsoft Xbox360*[48]. Es ist anzunehmen, dass sich die Entwicklung weiter in Richtung der 3D-Darstellung realer Bewegungen im Spiel vollziehen wird. Ob der Technologie-Boom auch die Käufer begeistern kann, bleibt fragwürdig, bedenkt man, dass von den aktuellsten Konsolen die *Nintendo Wii* als technisch schwächster Konkurrent die höchsten Verkaufszahlen vorweisen kann.

4. Eine Ton-Historie
4.1 Bit und Sample

Das Bit (von Binary Digit) ist die kleinste Speichereinheit, welche nur die Werte 0 oder 1 annehmen kann. n Bit verschlüsseln also 2^n verschiedene Informationen. Beispielsweise können 4 Bit gerade $2^4=16$ verschiedene Information darstellen, während es bei 16 Bit schon über 65.000 sind. Ein 8-Bit-Betriebssystem besteht aus 8 Dateneinheiten, welche in der sogenannten Taktfrequenz ausgewertet werden, welche in MHz angegeben wird. Also bei einer Taktfrequenz von 1 MHz eine Millionen Mal in der Sekunde.

---

[45] S. Forster, S. 204.
[46] Vgl. www.chip.de/news/Xbox-720-Alle-Details-zur-Next-Gen-Konsole-geleakt_56320908.html (Stand: 16.08.12).
[47] Free-to-Play-Spiele können kostenlos aus dem Internet heruntergeladen und gespielt werden, aber das Freischalten von Zusatzoptionen oder etwa der Erwerb virtueller Gegenstände wie Waffen oder Rüstungen sind kostenpflichtig.
[48] Vgl. http://de.ign.com/news/14355/PC-Grafik-ist-mittlerweile-24-mal-so-leistungsstark-wie-die-Xbox360 (Stand: 18.06.12).

Ein Sample ist eine digitale Schallaufzeichnung analogen Tons. Ein eingehendes analoges Signal wird abgetastet und von einem A/D-Wandler (Analog/Digital-Wandler) in ein zeitdiskretes Signal umgewandelt.[49] Beispielsweise unterliegt die Spannung eines Kondensator-Mikrofons durch Schallwellen einer Schwankung, was eine Wandlung des Schalls in eine analoge Spannung ergibt, denn die entstehenden Spannungsdifferenzen werden abgetastet und mit Hilfe der Diskreten Fourier-Transformation interpretiert und so digitalisiert.

Mit den heute gebräuchlichen 44.100 Abtastungen pro Sekunde, auch bezeichnet als Samplingrate, können Frequenzen bis zu 22.050 Hz fehlerfrei abgetastet und somit das gesamte menschliche Hörspektrum abgedeckt werden. Auch die Lautstärke des analogen Tons wird wertdiskret digitalisiert und als binäres Codewort gespeichert. Je nach verwendeter Bit-Zahl kann die Lautstärke unterschiedlich genau abgestuft werden. 8 Bit ergeben zum Beispiel $2^8=256$ Abstufungsmöglichkeiten, denen die abgetastete Lautstärke zugeordnet werden kann.[50]

4.2 Ausschnitt zur Spielemusik-Historie
4.2.1 Der Soundchip

Vor 1977, etwa bei dem Spiel *Pong*, wurden Geräusche mit analogen Schaltkreisen erzeugt, wobei die tiefsten Frequenzen verstärkt wurden. Eine Programmierung war nur durch direkten Eingriff in die Schaltkreise möglich. Erst ab dem Aufkommen der ersten programmierbaren Soundgeneratoren (PSG) kann von Soundchip-Musik gesprochen werden. Eine Definition für den Begriff Soundchip liefert Nils Dittbrenner:

„Soundchips sind integrierte Schaltkreise (ICs, Chips), die ab Ende der 1970er Jahre zur Erzeugung von Klang und Musik speziell für Spielautomaten und später auch Spielkonsolen und Heimcomputern entwickelt werden, um die teure und aufwendige, auf diskreten, analogen Schaltkreisen basierende Klangerzeugung früher Spielautomaten ersetzen zu können."[51]

Erste Soundchips waren der Stella/TIA des *Atari VCS 2600* von 1977 sowie der General Instruments AY-3891x und der Atari Pokey aus dem Jahr 1979. Die beiden letztgenannten Soundchips wurden sehr häufig in Spielautomaten, Heimspielekonsolen und Heimcomputern verwendet. Der

---

[49] Ein analoges Signal ist stetig und besitzt somit unendlich viele Werte je Zeiteinheit. Ein zeitdiskretes Signal hingegen besitzt nur eine endliche Anzahl einzelner Werte je Zeiteinheit, sodass die Werte des analogen Signals nur punktuell abgetastet werden können.
[50] Vgl. Boer, S. 13-30. Hier sind zudem ausführlichere Informationen zu finden.
[51] S. Dittbrenner, S. 4.

Stella/TIA verwendete 5 Bit auf die Frequenz, sodass 32 verschiedene, aber musikalisch kaum verwertbare, diskret aufgelöste, nicht stimmbare Tonhöhen erzeugt wurden.[52] [53]

Obgleich Ende der 1970er-Jahre bereits 32-Bit-Systeme verfügbar waren, wurde aufgrund des immensen Preises und Aufwands auf 8-Bit-Systemen gearbeitet. Die 16-Bit-Systeme etablierten sich erst Mitte der 1980er-Jahre und erst Anfang der 1990er-Jahre produzierte man mit 32-Bit-Hardware. Heute zählt bereits 256-Bit-Hardware zum Standard.

Heimcomputer konnten zusätzlich mit Soundchips ausgestattet werden, welche besser waren als die frühen PC-internen Chips, wie sie etwa der *Apple II* besaß. Mit Steve Wozniaks Programmiersprache Integer BASIC ließen sich Soundchips wie beispielsweise der AY-38910 direkt ansteuern und programmieren. Ende der 1970er-Jahre wurden durchgängige Hintergrundmusiken, ermöglicht durch Loops[54] der digitalen Töne, und „nondiegetische Musik"[55] immer häufiger eingesetzt. 1979 kam in Major League Baseball von Intellivision sogar erstmals digitalisierte Sprache zum Einsatz.[56] Der *C 64* besaß 1982 mit dem MOS 6581 SID einen Soundchip, welcher über mehrere Jahre leistungsfähiger als alle anderen Tongeneratoren von Heimcomputern war. Er hatte drei PSG, drei Hüllkurven-Generatoren mit ADSR[57]-Hüllkurven, einen Zufallsgenerator und besaß erstmals einen Tonumfang von acht Oktaven. Zudem war der Soundchip nicht auf eine bestimmte Wellenform festgelegt, was vorher bei PC überwiegend Rechteckwellen waren, sondern konnte für jeden Kanal flexible ADSR-Hüllkurven erzeugen und so beispielsweise zwischen Rechteckwelle, Sägezahnwelle oder auch Pulswelle wechseln. Er verwendete 16 Bit auf die Tonhöhe und 8 Bit auf die Lautstärke, was für damalige Verhältnisse sehr feine Abstufungen ermöglichte.

1983 präsentierte Mattel den Heimcomputer Entertainment Computer System mit drei-stimmigem Soundchip und anschließbarem 49-Tasten-Keyboard. Dies stellte die erste Verbindung von Instrument und Computer dar.

Nachdem ebenfalls 1983 der *Microsoft Extended Basic* (*MSX*) als Gemeinschaftsprojekt vieler japanischer Firmen mit Microsoft das Zeitalter der FM-Synthese[58] (Frequenzmodulationssynthese)

---

[52] Die Formel $\text{Frequenz}_{\text{Ausgabe}} = \frac{\text{Frequenz}_{\text{Eingang}}}{2n}$ erlaubt die Errechnung der klingenden Frequenz aus der Eingangstaktfrequenz und dem Bit-Wert aus dem Bit-Register, wobei n, beispielsweise bei einem 8-Bit-Register, dem in das jeweilige Register geschriebenen Wert zwischen 0 und 255 addiert mit 1 entspricht und damit zwischen 1 und 256 liegen kann. (Vgl. Dittbrenner, S. 12).
[53] Vgl. Dittbrenner, S. 8-13.
[54] Ein Loop ist eine Musikschleife. Das heißt, ein Musikabschnitt wird endlos wiederholt.
[55] Eine Erklärung zu diegetischer und nondiegetischer Musik befindet sich auf Seite 44.
[56] Vgl. Schönrock, S. 11.
[57] ADSR steht für Attack-Decay-Sustain-Release und bezeichnet die vier Phasen der Hüllkurve von Tonlautstärken. Eine Erklärung am Beispiel eines Synthesizers: Attack gibt die Zeit für den Lautstärkeanstieg bis zum vorgegebenen Maximum an und beginnt beim Drücken der Taste, Decay gibt die Zeit an, in welcher die Spannung bis zum Sustain-Level absinkt, Sustain gibt an, wie hoch die Spannung ist, während die Taste gehalten wird und Release legt fest wie lange der Ton nachklingt und beginnt, wenn die Taste losgelassen wird.
[58] Bei der Frequenzmodulation wird die Tonhöhe eines Signals durch ein modulierendes Signal, welches meist ein Sinus-Signal ist, beeinflusst. (Vgl. Schoenrock, S. 12).

eingeläutet hatte, fand diese Technologie ab 1984 in allen Spielautomaten Anwendung, teilweise sogar mit Möglichkeiten zur Sprachsynthese. Auch japanische Heimcomputer verwendeten die zur FM-Synthese fähigen Soundchips, während der *Atari ST* sich auf eine MIDI[59]-Schnittstelle berief, die ihn noch jahrelang für professionelle Musiker interessant machte.

Die Stereofonie wurde erstmals beim *Amstrad CPC 464* ermöglicht. Stereofonie ließ Musik räumlich wirken, was sich unter Verwendung von Kopfhörern noch verstärkte. Auf dem Gebiet der Kunstkopfstereofonie, bei welcher ein dem menschlichen Kopf nachempfundener Plastikkopf bei der Aufnahme zur Anwendung kam, erzielte man bereits zu dieser Zeit Fortschritte und auch heutzutage wird von diesem Verfahren Gebrauch gemacht.[60]

1985 konnte der *Commodore Amiga 1000* erstmals mit Vierkanal-Sample-Ton und DSP[61] aufwarten, aber wegen des noch immer zu kleinen Datenspeichers war das umfangreiche Arbeiten mit Samples noch nicht sinnvoll. Nachdem die Stereofonie sich Ende der 1980er-Jahre sowohl im Bereich der Computer als auch der Spielekonsolen etablierte, hatten sich die akustischen Möglichkeiten binnen weniger Jahre viel schneller vermehrt als die grafischen Fähigkeiten. Durch erste Software-Synthesizer wurde der Computer zum programmierbaren Musikinstrument und die Musikwiedergabeoptionen des Computers erlangten immer größere Wichtigkeit.

4.2.2 Soundkarten und die Audio-Entwicklung bis heute

Die erstmals 1987 erschienene *AdLib-Soundkarte*, welche eigentlich auf Keyboard-Technologie basierte, machte das Abspielen von Musik auf einem PC zu einem Klangerlebnis. Stereosound war zwar noch nicht möglich, aber die Ausgabe von bis zu neun Instrumenten sorgte dafür, dass der PC schlussendlich für viele potenzielle Nutzer attraktiver wurde. Dennoch gehörten Soundkarten erst ab Ende der 1990er-Jahre zur PC-Grundausstattung.

Die Roland LAPC-1 bot neben ohnehin 128 vordefinierten Instrumenten die Möglichkeit, eigene Instrumente zu laden, war aber mit etwa 1000 DM äußerst teuer. Die Anzahl der an Privathaushalte verkauften PC stieg Ende der 1980er-Jahre an. Mit dem sampleausgabefähigen und mit 360 Mark relativ günstigen *Sound Blaster* von Creative Labs, welcher auch über einen MIDI-Anschluss und Wiedergabe von 22,05kHz verfügte, wurde ein erster Standard im Bereich Audiowiedergabe festgesetzt[62]. Eine Aufteilung des Marktes auf mehrere Anbieter begann nun allmählich, wobei bei-

---

[59] Eine Erklärung zu MIDI befindet sich auf den Seiten 29 und 30.
[60] Genauere Information zur „Kunstkopfsterefonie", auch thematisiert als „Binaurale Tonaufnahme", und zur mit ihr konkurrierenden „Wellenfeldsynthese" sind auf den nachfolgenden Internetseiten zugänglich: http://www.tbf-austria.org/kunstkopfstereophonie.html (Stand: 14.07.12).
http://www.syntheticwave.de/Wellenfeldsynthese.htm (Stand: 14.07.12).
[61] Der Begriff DSP (Digital signal processing/processor) verweist auf die Prozessverarbeitung eines digitalen Audiosignals, einschließlich Filter und Effekten. Dies umfasst meist zumindest Echo, Hall, Chorus (Vervielfachung) und Time Stretching, Compression, Equalizing (EQ) und Filtering. (S. Schönrock, S. 12).
[62] Vgl. Kent, S. 455.

spielsweise die AdLib Gold erstmals zu virtuellem Surround Sound fähig war und die Gravis Ultrasound Ton in CD-Qualität ausgab.[63]

Das *SNES* war 1989 bereits mit DSP-Effekt-Hardware, ADSR, 16-Bit-Auflösung, 8 Kanälen, Stereo und Dolby Pro Logic[64] ausgestattet. 1994 standen bei der *Sony Playstation* schon 24 Kanäle, 16-Bit und 44,1 kHz (Audio-CD-Qualität), ADSR und Real-Time Effekte (u.a. Looping, Hall und Tonhöhenmodulation) zur Verfügung.[65] Bis 1994 lag Musik nicht in aufgenommener Form vor, sondern wurde als Ergebnis einer Prozessierung von Daten in den Soundchips über Lautsprecher ausgegeben, was sich mit der Verbreitung der CD als Spieledatenträger änderte und die Musik so klanglich verbesserte.[66] Diese Klangverbesserung wurde jedoch schnell als Standard angestrebt und verdrängte aufgrund des nötigen Speichers bereits fortschrittliche Ansätze für dynamischen und interaktiven Toneinsatz. Des Weiteren wurden mit der Einführung von Microsoft Windows 95 erstmals normierte Treiber eingesetzt. So mussten Spiele nicht mehr direkt die Hardware der Soundkarte ansprechen, wodurch die Grenzen im Hardwareaufbau der Soundkarten wegfielen.

Da Spiele inzwischen überwiegend Samples verwendeten, erwies sich 1995 die Entwicklung von FireWire und 1996 die von USB (Universal Serial Bus)[67] als bedeutsam, um die manchmal aufgetretenen kleinen Latenzen bei der Aufnahme von Samples auszugleichen. Generell verbesserte sich die Aufnahmequalität, sodass heute intern mit 32 oder gar 64 Bit gearbeitet werden kann. Auch eine Aufnahme in 32 oder 64 Bit ist technisch möglich, obwohl das menschliche Ohr 32 und 64 Bit nicht mehr unterscheiden kann.

Durch das Einfügen von Ton-Dateien in virtuelle Umgebungen müssen Soundkarten heute oft 64 Audiodatenströme gleichzeitig, mittlerweile in 3D und mit Hilfe des Systems Environmental Audio Extensions (EAX), verarbeiten können. Diese müssen zusätzlich mittels hardwarebasierter Algorithmen mit zur dargestellten Umgebung passendem Raumhall versehen werden[68]. Hinzu kommen zum Beispiel Prioritätsparameter, mit welchen die Lautstärke unwichtigerer Tonanteile (etwa Ambiente-Sounds während eines wichtigen Dialogs) verringert wird, und Frequenzfilterungen, die Raum für die Alarmsound- oder Sprachfrequenzen schaffen, um spielentscheidende Informationen besser hörbar zu machen. Zur 3D-Darstellung gibt es inzwischen 4-, 6- und 8-Kanal-Soundkarten mit drei, fünf oder sieben Lautsprechern und einem Subwoofer, aber die Ausgabe des

---

[63] Weitere Informationen sind unter http://www.crossfire-designs.de/index.php?lang=de&what=articles verfügbar (Stand: 29.07.12).
[64] Dolby Pro Logic ist ein analoges Mehrkanalsystem aus dem Jahr 1986, bei welchem die Raumklanginformation auf zwei Kanälen Stereo enkodiert ist.
[65] Vgl. Schönrock, S. 14.
[66] Vgl. Dittbrenner, S. 1.
[67] Übersetzung des Autors: „allgemeines, serielles Übertragungssystem". FireWire und USB sind Systeme zur Verbindung von Computern und externen Geräten, bei denen eine Verbindung im laufenden Betrieb erkannt wird.
[68] Informationen zu den in 3D-Audio gebräuchlichen Sound Processing Modes: normal, head-relative und disabled sind verfügbar unter http://msdn.microsoft.com/en-us/library/windows/desktop/ee418756(v=vs.85).aspx (Stand: 29.07.12) oder in Boer, S. 157-179.

virtuellen Raumklangs lässt sich auch auf stereofone Kopfhörer anpassen. Verwendet werden heute Dolby TrueHD, Dolby Digital 5.1 und Dolby Digital 7.1, wobei die Soundkarte gegebenenfalls für 7.1 programmierten Ton selbst für 5.1 adaptiert.[69]

Trotz CD, DVD und Bluray-Disc ist es inzwischen notwendig, den von Audio-Dateien benötigten Speicherplatz zu verringern, was mittels Audiodatenkompressionsverfahren[70] bewirkt wird. Hierbei gibt es wiederum verlustbehaftete Audio-Formate wie MP3 oder WMA, welche vom geschulten Hörer auf guter Hardware als mangelbehaftet erkannt werden können und verlustfreie Audio-Formate wie MPEG-4 Audio Lossless Coding und WavPack.

Die *Sony Playstation 3* besitzt mittlerweile 512 Kanäle, Real-Time-DSP-Effekte und kann 7.1 Surround Sound mit 96 kHz über digitale Ausgänge wiedergeben[71], was wohl aus heutiger Sicht in keinem Verhältnis zur 35 Jahre alten *Atari VCS 2600* steht. Doch die fast unbegrenzten Möglichkeiten der heutigen Technik sorgen auch dafür, dass sich Tongestalter nicht mehr viele Gedanken über verwendete Sounds und Musik machen müssen, sodass eine bewusste, in sich schlüssige Gestaltung, welche aufgrund technischer Einschränkungen damals notwendig war und zu unverwechselbaren Melodien führte, heute oftmals nicht mehr notwendig ist. Heutige, auf dieser Ansicht basierende Kompositionspraktiken werden im Kapitel „Komposition für Spielemusik" angeführt.

5. Dynamischer, interaktiver und adaptiver Ton

Dynamischer Ton vereint die Begriffe „Adaptiver Ton" und „Interaktiver Ton" in sich. Adaptiver Ton bezeichnet Ton, welcher auf Veränderungen im Spielverlauf oder der Spielumgebung reagiert. Interaktiver Ton meint Ton, der als direkte Antwort auf Eingaben des Spielers erklingt. Als ein Beispiel für adaptiven Ton gilt die schneller werdende Musik in *Super Mario Bros.* von 1985, sobald die zum Levelabschluss verbleibende Spielzeit zu Ende geht. Der Wechsel von ruhiger Musik zu Kampfmusik oder von Tagesgeräuschen zu einem nächtlichen Ambiente in einem Waldareal im Rollenspiel *Baldur's Gate* von 1998 zählt ebenso zum adaptiven Ton. Als Beispiele für Interaktiven Ton gelten die Schussgeräusche einer Waffe, das Sprunggeräusch einer Spielfigur in Jump'n'Runs, Button-Sounds beim Anklicken einer Schaltfläche in Menüs oder der Sound der Befehlsentgegennahme beim Anweisen einer Einheit in Strategiespielen.

Ein Problem beim Übergang einer Musik in eine andere ist die harmonische Geschlossenheit. Während sich Parameter wie Hall und Dynamik recht problemlos mit dem eingehenden Event, etwa dem Angriff eines Feindes, sofort anpassen lassen, ist dies mit musikalischen Wendungen nicht ohne Weiteres möglich, da schnell Brüche im musikalisch logischen Ablauf entstehen können, die

---

[69] Die Wiedergabe von Mobiltelefonen und Handhelds geht bis heute nicht über Stereo hinaus. Das Gebiet der Physikalischen Modellierung von Ton kann im Rahmen dieser Arbeit leider nicht betrachtet werden.
[70] Beim Audiokompressionsverfahren werden mit Hilfe von Algorithmen jene Audioinformationen, welche das menschliche Ohr kaum hören kann, gelöscht, wodurch bei Bewahrung einer relativ hohen Qualität erheblich weniger Daten gespeichert werden müssen.
[71] Vgl. Schönrock, S. 18.

das Spielerlebnis stark beeinträchtigen. Auf dieses Problem, mit welchem sich auch heute noch Komponisten für Computerspielemusik beschäftigen müssen, wird im Kapitel „Komposition einer Spielemusik" näher eingegangen.

Im Bereich effektvoll eingesetzten, dynamischen Tons führt Matts Johan Leenders mit *Dead Space* von 2009 ein gutes Beispiel an.[72]

6. Von synthetischer Musik bis Orchestereinspielung

6.1 Der Ton in Spielen von den Anfängen bis Mitte der 1980er-Jahre

Noch vor der Entwicklung der ersten Soundkarten erfüllte Spielemusik bereits grundlegende Funktionen. Schon beim Spielautomaten *Mills Liberty Bell* von 1910, einer Variante des ersten „einarmigen Banditen" namens Liberty Bell von 1887, wurden Glocken verwendet und auch bei den ersten kommerziell erfolgreichen Flipperautomaten der 1930er-Jahre[73] wurden Klingeln und Glocken eingesetzt. Dies geschah zum einen, um während eines Spiels Aufmerksamkeit in einem großen Umfeld zu erzeugen, aber auch um den Punktestand und somit den unwirklichen Gewinn akustisch zu untermalen. Ab Mitte der 1930er-Jahre begann die Hammond-Orgel in den USA ihren Siegeszug und bereicherte die Musik um den Klang von Sinustönen und deren vielfältiger Kombination. Ende der 1940er-Jahre war die Jukebox entscheidend, ob ein Lokal abends Gäste hatte oder nicht. Zu dieser Zeit begann auch die elektrisch verstärkte Gitarre, nach dem Einsatz in Big Bands und über Interpreten wie Muddy Waters oder B. B. King, genreübergreifend Einfluss zu gewinnen. Als Meilenstein dieser Entwicklung ist die Fender Stratocaster aus dem Jahr 1954 zu nennen, welche bis heute kopiert wird. Die Mikrofontechnik wurde im Rock & Roll immer wichtiger, schon um das lautstarke Publikum zu übertönen. Die Gesellschaft war insofern an den Gebrauch von Technik und Elektrizität in der Musik längst gewöhnt, als die ersten Soundchips entwickelt wurden. Selbst im Bereich der Barockmusik wurde elektronische Musik kommerziell erfolgreich, als Ende der 1960er-Jahre Walter Carlos (heute Wendy Carlos), Assistentin Robert Moogs, Werke Johann Sebastian Bachs mit dem *Moog-Synthesizer* einspielte.

Im Bereich der Videospiele war Ton Anfang der 1970er-Jahre noch sehr kostspielig, da er teuren Speicherplatz belegte, sodass die Entscheidung über den Einsatz von Musik in einem Spiel nicht ästhetisch sondern preislich orientiert war. Aus diesem Grund wurden Ideen entwickelt, dieses Problem zu umgehen. Durch digitales Transponieren wurden alle Tonhöhen darstellbar, obgleich ein Sample nur eine einzige Tonhöhe besaß. Mit Loops, welche auch heute noch verwendet werden, wurden kurze Samples wiederholt, sodass eine dauerhafte Musikuntermalung entstand. Erst Anfang der 1980er-Jahre wurde Sampling-Technologie preislich erschwinglich, wobei anfangs Aufnahmen von maximal einer Sekunde Länge möglich waren, hatten doch die Geräte damals nur

---

[72] Vgl. Leenders, S. 51 und S. 57-59.
[73] Erste Pinball-Automaten wurden schon 1871 zum Patent angemeldet.

etwa 16 kB RAM (Random Access Memory, dt.: Arbeitsspeicher). Dies reichte insgesamt nur für ein paar Schlagzeug-Samples. Daher nutzte man auch zu dieser Zeit vielfach Tongeneratoren und nicht-gesampelte Klänge.[74]

Mitte der 1970er-Jahre nahm der Einfluss elektronischer Musik immer mehr zu, etwa bei „*Oxygène*" von Jean-Michel Jarre. Die Gruppe Kraftwerk nahm die Stücke „*Autobahn*" und „Mensch-Maschine" auf. Das öffentliche Musikverständnis erweiterte sich langsam um die elektronischen Klänge. Nachdem George Lucas 1977 mit dem ersten Film der Reihe „Star Wars" die Amerikaner für Raumschiffe, das Weltall und Aliens begeisterte, konnte die Firma Taito 1978 mit ihrem Automaten *Space Invaders* enorme Gewinne einfahren. Die erstmals durchgängige Hintergrundmusik, erzeugt von eigens konstruierten analogen Soundgeneratoren, bestand bei *Space Invaders* lediglich aus zwei, später aus vier absteigenden Basstönen, welche als Loop abgespielt wurden. Der Weltraumshooter gilt als erstes Spiel mit adaptiver Musik, da die Musik schneller wurde, je näher die Aliens kamen, wodurch die gewünschte Wirkung erzielt wurde, wenn man die Aussage Kurt Harlands einbezieht:

„Dennoch erinnern sich diejenigen von uns, die alt genug sind [...], daran, dass sich das Gefühl [von Stress] zum Ende der gegnerischen Angriffs- oder Asteroidenwellen hin verstärkte, weil dieser laute Synthie-Bass so schnell lief...".[75]

Inzwischen hatte sich auch die Technik abseits der Spielindustrie weit genug entwickelt, dass Musikstile wie Techno und Elektro aufkamen. Auf dieser einsetzenden gesellschaftlichen Musikwahrnehmungsveränderung fußend wurden Spiele mit unnatürlichen Klängen ebenfalls gut angenommen. Mit den erstmals flexibel programmierbaren Soundgeneratoren des *C 64* von 1982 eröffneten sich den Spiele-Herstellern nun völlig neue Möglichkeiten. Da der *C 64* noch mit Parser bedient wurde, erfolgte auch die Eingabe von Tonhöhe, Instrument und Lautstärke per Anweisungseingabe mit vorgegebenen Befehlsphrasen. Der *C 64* war der erste Heimcomputer, der als Plattform für einen Software-Sequenzer[76] möglich schien. Insofern kamen 1984 mit Pro-16 von Cubase und 1987 mit Cakewalk Professional 1.0 von Cakewalk die ersten Software-Sequenzer-Programme auf den Markt, welche auf dem neuen Industriestandard MIDI basierten.

6.2 MIDI

MIDI (Musical Instrument Digital Interface) ist ein Dateiformat, welches einen Klang parametrisiert und dient dem Austausch von musikalischen Steuerinformationen zwischen elektronischen Instrumenten. Im übertragenen Sinn könnte man von einer „Bauanleitung" für den auszugebenden Klang sprechen. MIDI enthält Anweisungen zu Zeitpositionen, Tonhöhe, Dauer, Anschlagslaut-

---

[74] Vgl. http://www.thomann.de/de/onlineexpert_33_2.html (Stand: 17.06.12).
[75] S. Krause, S. 1.
[76] Ein Sequenzer ist ein Gerät oder eine Software für die Aufnahme, das Abspielen und die Bearbeitung von Musik dient.

stärke, Instrument, eventuell Liedtext und weitere Abspielinformationen wie etwa Klavierpedalangaben, anzusteuernder MIDI-Kanal und Klangfarbe. Jene Anweisungen werden zum Schluss an einen elektronischen Klangerzeuger, etwa ein Tongenerator oder ein elektronisches Musikinstrument, übermittelt. Die Daten werden nacheinander übertragen, jedoch in sehr geringen, für einen Menschen nicht mehr erkennbaren Zeitabständen, sodass sogar Akkorde ohne eine störende Wirkung der Zeitverzögerung erklingen können.

Probleme konnten durch unterschiedliche Sound-Systeme (Soundkarten und Synthesizer-Typen) entstehen, denn statt digitaler Sounds werden nur Befehle übertragen, sodass dasselbe Instrument bei verschiedenen Synthesizer-Typen womöglich unterschiedlich klang.[77] Die Einigung auf den General MIDI Standard im Jahr 1991 behob schließlich das Problem der nicht eindeutigen Instrumentenzuweisung.

Während MIDI in der Komposition noch häufig angewandt wird, findet es, mit Ausnahme von Online- und Mobile-Games, bei der Tonwiedergabe in Spielen heute keine Verwendung mehr.

6.3 Tracker

Tracker-Programme bestehen im Wesentlichen aus einem Sequenzer und einem Synthesizer (=Sampler) und erschienen erstmals im Jahr 1986, damals für den *C 64* und dann auch für den *Commodore Amiga 500*. Ein Tracker-Programm ist ein Musik-Sequenzer-Programm, mit dessen Hilfe man Samples über eine stufenweise Zeitleiste auf mehrere Kanäle verteilen kann, es werden also, im Gegensatz zu MIDI, fertige Klänge verarbeitet. Beim Tracken wird von jedem Instrument genau ein Sample aufgenommen, beispielsweise von einer Snare Drum, einem einzelnen Gitarrenton oder einem Klavierakkord und nach der Digitalisierung und Speicherung kann der entsprechende Sound per Mausklick abgerufen werden. Die Idee des Trackens spiegelt die Notwendigkeit geringen Speicherplatzverbrauchs wieder, welcher Mitte der 1980er-Jahre vorherrschte, denn musikalische Parameter wie Tonhöhe oder Dynamik können variiert oder sogar Effekte hinzugefügt werden. Der gesampelte Gitarrenton kann also mittels Frequenzmodulation digital beliebig hoch oder tief transponiert werden, was die Aufnahme dutzender Samples erspart, wenn auch mit Einbußen in Hinsicht auf den Klang.

Der Sequenzer gibt in regelmäßigen Abständen Befehle an den Sampler. Die Befehle enthalten Angaben zum Abspielen oder Stoppen eines Samples, zur Samplingrate, Kanalansteuerung, Dynamik, zu bis zu drei Effekten und gegebenenfalls darüber, welcher Abschnitt eines Samples geloopt werden soll. Da der Soundchip des *Commodore Amiga 500* bereits vier Kanäle aufwies, konnte durch richtige Positionierung der Klänge ein sogenanntes Pseudo-Stereo erzeugt werden, welches schon die Beatles auf ihrer Schallplatte „With the Beatles" anwandten. Durch die mathematisch

---

[77] Vgl. http://www.hfmt-hamburg.de/service/it-service-center/support/tutorien/midi-in-der-praxis/midi-dateisinvoll-einsetzen/ (Stand: 17.08.12).

präzise Definition des Klangs und die Arbeit mit vorgefertigten Ton-Dateien können, anders als beim Umgang mit MIDI, keine Probleme mit verschiedenen Synthesizer-Typen entstehen. Die zu diesem Zeitpunkt neue Technik etablierte sich binnen kurzer Zeit und wurde in Spielen umgesetzt.

6.4 Samples und das Ende der Computerspielemusik

Ausgangspunkt heute weithin bekannter Spielemelodien waren oftmals bis zur Veröffentlichung des Spiels unbekannte Lieder. Beispielsweise zählen zu den wählbaren Hintergrundmelodien des Spiels *Tetris* die russische Volksweise Korobeiniki und das Menuett aus der dritten französischen Suite von J. S. Bach, BWV 814. Aber auch bekannte Melodien wurden verwendet. Bei *Mario Bros.* von 1983 ertönt zum Beispiel kurz die Melodie von Mozarts „Eine kleine Nachtmusik".

Nachdem sich mit den aufkommenden, mehr als 600 MB Speicher umfassenden Audio-CDs bislang unbekannte Ressourcen für die Tonspeicherung ergaben und sich vor allem in den 1990er-Jahren die Speicherkapazität der PC stark erhöhte, wurde der Umgang mit Samples etwas Alltägliches. Mit einer Abtastrate von 44100 Samples je Sekunde konnte nun jeder für das menschliche Ohr hörbare Ton und jedes Geräusch digitalisiert werden und mit 16 Bit ließen sich bereits über 65.000 verschiedene Lautstärkestufen einstellen, was einer dynamischen Bandbreite von bis zu 96 dB entspricht. Mittlerweile wird vielfach bereits mit 24 Bit gearbeitet, was bereits über 16 Millionen verschiedene Lautstärkestufen ermöglicht und vom menschlichen Ohr als stufenlose Lautstärkeveränderung empfunden wird.

Letztlich war die Entwicklung von der Verwendung synthetischer Klänge bis zu Orchestermusik in Computerspielen weniger ästhetisch, sondern viel mehr technisch bedingt. Während Walter Carlos mit dem *Moog-Synthesizer* bereits Bach-Werke zu elektronischer Musik machte, fehlten den Spielherstellern die technischen Voraussetzungen, sodass einzig synthetische Klänge nutzbar waren. Prinzipiell konnte Computerspielmusik nach der Festlegung auf Red-Book[78]-Audio im Jahr 1994, welche unter anderem die Verwendung von Audio in speicherplatzintensiver Audio-CD-Qualität bedeutete, jeden vorstellbaren Musikstil von Barock über Bluegrass und Rockabilly bis zu Sinfoniekonzerten beinhalten. Insofern kann spätestens bei Produktionen aus dem Jahr 1999 nicht mehr von Computerspielmusik gesprochen werden, sondern nur von Musik, welche für Computerspiele geschrieben oder adaptiert wurde.[79] Jedoch werden trotz modernster technischer Möglichkeiten auch heute noch sowohl synthetische Klänge als auch orchestrale Musik in Spielen verwendet, abhängig vom Genre und den ästhetischen Vorstellungen des Komponisten.

---

[78] Das Red Book (Rotes Buch) wurde 1980 erstellt und ist eines der Rainbow Books (Regenbogenbücher), in welchen die Standards enthalten sind, die für eine CD offiziell zulässig sind. Im Red Book sind die technischen Richtlinien der Audio-CD enthalten. Andere Bücher enthalten beispielsweise die Standards für die CD-ROM oder Photo-CD.
[79] Vgl. Munday, S. 51.

7. Entstehung eines Computerspiels

Heutzutage erfordert die Produktion eines Computerspiels ein gut aufeinander abgestimmtes Team und es entstehen Produktionskosten von nicht selten mehreren Millionen Euro. Während sich in den 1970er-Jahren viele Aufgabengebiete wie Grafik, Sounds und Spielemusik im Beruf des Programmierers vereinten, haben heute große Firmen wie beispielsweise Microsoft eine eigene Abteilung, welche sich ausschließlich mit der Spieleproduktion beschäftigt und ihrerseits wiederum aus Departments besteht. Die heute bei jedem großen Spielehersteller existierenden Hauptdepartments umfassen die Bereiche Produktion, Level Design, Kunst, Qualitätskontrolle und Marketing.[80] Zu den Hauptdepartments zählt mitunter auch ein Sound-Department.[81]

7.1 Aufgabengebiete der Departements und ihr Bezug zum Sound-Designer

Die Produzenten sind meist Veteranen der Spielebranche und wissen, wie die Departments arbeiten und zu lenken sind, was ein gutes Spiel ausmacht und sie sorgen dafür, dass das zulässige Budget nicht überschritten wird. Sie haben bei allen Entscheidungen das letzte Wort, legen so die Möglichkeiten des Sound-Designers fest und sorgen für einen reibungslosen Ablauf und einen optimalen Informationsfluss zwischen den anderen Departments.

Die Level-Designer erstellen das allgemeine Gameplay, also die Art und Weise wie das Spiel allgemein gespielt wird, und die einzelnen Levels, wobei der Begriff Level sich auf ein Kapitel des Spiels bezieht. Dies kann ein einzelnes Labyrinth bei *Pac-Man* sein, aber auch die Gesamtheit aller Handlungsstränge eines Rollenspiel-Abschnitts. Level-Designer kreieren Puzzles und Aufträge und kooperieren meist mit dem Sound-Designer in Bezug auf die Verwendung von Ton in Rätseln und bezüglich der Platzierung des Tons im Spiel. Der Main Level-Designer legt fest, wie das Spiel gespielt wird und baut die vom Autor entworfene Geschichte zu einem vollentwickelten Spiel aus. Dabei muss stets das sogenannte Flow-Erleben[82] für den Spieler garantiert sein, der Grad zwischen Stress und Langeweile, welcher zum Spielen anregt.

Das Kunst-Team umfasst weitere Personengruppen. Der Lead Artist beaufsichtigt alle Künstler und führt ihre Ergebnisse zusammen. Die Concept Artists entwerfen Zeichnungen und kurze Szenen zu den Hauptcharakteren, der Spielwelt und den einzelnen Levels und inspirieren damit alle weiteren Künstler einschließlich des Sound-Designers. Generell kann das gesamte Team oft über die gesamte Produktionsdauer hinweg nur mit Zeichnungen und Vergleichen zu bestehenden Spielen arbeiten. Des Weiteren sind die Technical Artists zu nennen, kreative Techniker, welche mit Hilfe diverser Software verschiedene visuelle Effekte wie etwa Animationen erzeugen. Die Modelers erstellen mit 3D-Design-Programmen die gesamte 3D-Welt des Spiels, was zum Beispiel Personen,

---

[80] Vgl. Childs, S. 1-2.
[81] Ein übersichtliches Organigramm zur Mitarbeiter-Hierarchie liefert Childs, S. 2.
[82] „Flow" bezeichnet eine Theorie zur Beschreibung von Erlebnisqualitäten und wurde erstmals 1975 von Csikszentmihalyi entwickelt. (Vgl. Jendereck/Wünsch, S. 49).

Gebäude oder Gegenstände beinhaltet. Als letzte zu nennende Gruppe bleiben noch die Texture Artists, die den 3D-Objekten, welche zunächst Formen ohne Farbe und Struktur sind, mit 2D-Grafiken eine ansprechende Oberfläche geben.

Sound-Designer und Sound-Programmierer sind meist angeworbene Freiberufler oder in eigenen Kleinunternehmen tätig und für jegliche Geräusche und Töne in einem Spiel zuständig. Sie entwerfen oder wählen Ton, fügen ihn an den vorgesehenen Stellen ins Spielgeschehen ein und gestalten ihn je nach verfügbarer Technik und Finanzen mit 3D-Ton oder Zusatzeffekten. Verwendet wird dazu oft ein Audio-Engine[83] (Übersetzung des Autors: „Tonmotor"), eine Laufzeitumgebung, die für die Berechnungen der Spielinhalte zuständig ist, in diesem Fall für das strukturierte Abspielen der Audiodateien. Zur Implementierung besitzen heutige Engines meist spezielle, ohne Programmierkenntnisse bedienbare Anwendungen, sogenannte Middleware.[84]

Die Tester bilden die fünfte Gruppe von Mitarbeitern. Sie sind für die Qualitätskontrolle zuständig und versuchen, das Spiel in jeder erdenklichen Weise zum Absturz zu bringen. Sie melden sämtliche gefundene Fehler an die anderen Departments. Des Weiteren beurteilen sie das bisherige Spiel und geben Verbesserungsvorschläge in allen Bereichen.

Die Marketing-Abteilung entscheidet, ab wann und in welcher Form erste Werbung für das Spiel gemacht wird. Dies kann auf einer Internetseite oder auch in einem Werbetrailer, für welchen der Sound-Designer dann Material zur Verfügung stellen muss, geschehen. Zudem können diese Mitarbeiter Anregungen geben, wie das Spiel für eine bessere Vermarktung beschaffen sein sollte.[85]

Über Treffen der einzelnen Departments erfahren alle Mitarbeiter, wie der aktuelle Stand der Produktionsphase aussieht und was in den anderen Departments geschieht. Zur besseren Absprache wird häufig ein Design Document angelegt, welches zentrale Elemente des Spiels wie etwa die Hauptgeschichte, die Beschreibung aller Levels, grafische Aspekte, Charaktereigenschaften und vieles mehr beinhalten sollte, sodass alle Mitarbeiter damit arbeiten können und ein „Aneinander-vorbei-arbeiten" ausgeschlossen ist. Des Weiteren ist es für den Sound-Designer zum Produktionsstart sinnvoll, eine sogenannte Sound Effects Asset List anzulegen oder sich vom Produzent geben zu lassen, damit alle benötigten Sounds überschaubar aufgelistet werden können. Eine sehr ähnliche und ebenfalls wichtige Liste im Bereich Musik ist das Cue Sheet.[86]

---

[83] Der Audio-Engine steuert die auditive Darstellung des Spielverlaufs. Bei entsprechendem Ereignis koordiniert er das Abspielen des für das Ereignis vordefinierten Tons.
[84] Zwei beispielhafte Screenshots für die Middleware *FMOD* und *Wwise* befinden sich auf dem beigelegten USB-Stick. Die Bilder sind online verfügbar unter http://qt.nokia.com/images/customers/coolapps/fmod-screen-hot/%2B%2Batfield%2B%2Bimage-preview (Stand: 31.08.12) und http://www.file-extensions.org/imgs/app-picture/5515/wwise.png (Stand: 31.08.12).
[85] Vgl. Childs, S. 2-5.
[86] Abbildungen und weitere Informationen zu beiden Listen sind enthalten in Leenders, S. 74, 75.

7.2 Phasen der Produktion

Im folgenden Abschnitt wird aus Gründen der besseren Lesbarkeit angenommen, dass sich die oft getrennten Berufe Sound-Designer und Musikkomponist in einer Person vereinen.

Eine Spieleproduktion lässt sich aus Sicht des Sound-Designers in die folgenden vier Phasen unterteilen:

Alpha-Phase: Zu diesem Zeitpunkt sollte das Spiel bereits spielbar, die Haupthandlung erkennbar und die meisten grafischen Elemente implementiert sein. Viele Fehler werden unausweichlich im Spiel enthalten sein und ein Eintauchen in die Spielwelt ist unmöglich. Der Sound-Designer nimmt in dieser Phase, auf Basis von Artworks, untexturierten Animationen und Klangbeschreibungen von Produzenten und Programmierern, die Sounds auf, entwirft Hintergrundmusiken und fügt Platzhalter[87] an den Stellen ein, wo der Ton später benötigt wird. Der Komponist Tom Salta meinte hierzu: *„[...] I often don't have any final visuals to work with. I also usually find myself creating music for new franchises that I've never seen before, so it's often difficult to imagine what the locations, environments, characters, structures, props and gameplay scenarios look like."*[88]

Beta-Phase: In der Beta Phase sind bereits alle grafischen und spielerischen Elementen im Spiel enthalten, doch häufig treten auch noch Fehler auf. Der Sound-Designer fügt nun allen Ton ein und verknüpft ihn so mit dem Spiel, dass er im richtigen Moment und in der richtigen Weise von dem Game-Engine (dt.: Spielmotor) abgespielt wird. Letztere ist für die visuelle Darstellung und die Steuerung des Spielverlaufs zuständig. Häufig stellt der Sound-Programmierer dafür eine spezielle grafische Benutzeroberfläche bereit, sofern keine vorgefertigte Middleware zum Einsatz kommt.

Qualitätskontrolle: An dieser Stelle ist der gesamte Ton ebenfalls im Spiel eingebettet und die Tester beginnen, nach Fehlern zu suchen. Der Sound-Designer hat neben regelmäßigen Treffen und gelegentlichen Fehlerkorrekturen Zeit, das Spiel selbst zu spielen und Verbesserungsvorschläge zu machen. Dieser auch als Postproduktionsphase bekannte Zeitraum ist häufig budgetbedingt zu kurz, doch erst jetzt lässt sich die fertige Tonmischung beurteilen. Im Fall der Änderung wichtiger Inhalte des Spiels müssen gegebenenfalls einige Sounds oder ganze Musiken neu aufgenommen, abgemischt und implementiert werden.[89]

Gold Phase: In dieser letzten Phase vor der Belieferung des Spielemarktes werden CD- oder DVD-Kopien des Spiels an alle Teams verteilt, sodass diese ihre eigene Arbeit nochmals selbst überprü-

---

[87] Häufig fügen auch andere Mitwirkende, welche eine konkrete Idee haben, Platzhalter ein, welche dem angestrebten Ton nahe kommen.
[88] S. Marks, S. 170, Übersetzung des Autors: „Ich habe oft kein endgültiges Anschauungsmaterial, mit dem ich arbeiten kann. Für gewöhnlich muss ich auch Musik für neue Lizenzen kreieren, die ich nie zuvor gesehen habe, sodass es oft schwierig ist, sich vorzustellen, wie Orte, Umgebungen, Charaktere, Strukturen, Gegenstände und Spielszenarien aussehen."
[89] Ein bekanntes Beispiel stellt die Produktion des Spiels *Tomb Raider* im Jahr 1996 dar, welches eigentlich einen männlichen Hauptcharakter besitzen sollte. Erst spät im Entwicklungsprozess wurde, aufgrund der Ähnlichkeit zum Filmheld Indiana Jones und eventuell hieraus entstehender rechtlicher Probleme, das Geschlecht gewechselt. Sounds für Lara Croft mussten nun völlig neu aufgenommen werden. (Vgl. Leenders, S. 34.)

fen können. Mit Ausnahme mancher Fehler, welche noch entdeckt werden, ist die Arbeit für den Sound-Designer und auch für die Künstler beendet. Spätestens jetzt sollte jedoch die Vermarktung mit der Ankündigung des Spiels begonnen haben und falls kein marginaler Fehler oder ein Missfallen am Ton seitens des Managements auftritt, muss der Sound-Designer nur einiges Material für einen Trailer zusammenstellen.[90]

8. Komposition einer Spielemusik

Das interaktive Musizieren mit dem PC sowie Komposition für den PC und weitere Instrumente[91] sind interessante Bereiche, welche aber im Rahmen dieses Buches nicht betrachtet werden können. Dieses Kapitel thematisiert stattdessen das Komponieren von Musik für Computer- und Konsolenspiele, sei es am PC, beim Experimentieren mit Tongeneratoren oder mit Papier und Stift, und das Programmieren jener Musik, um sie ins Spiel zu implementieren.

8.1 Anforderungen an den Sound-Designer nach Rod Munday

Nach Rod Munday existieren drei Teilaspekte, welche der Komponist für Computerspiele bedienen muss:[92] Environment, Diegeses, Immersion.[93]

Environment: Wenn der Avatar durch einen idyllischen Wald mit knackendem Geäst, fließenden Bächen und zwitschernden Vögeln läuft, wird einem Spieler nur selten bewusst, dass eine computergenerierte Umgebung von selbst keine Geräusche macht. Alle Geräuschquellen müssen stets mit Sound-Dateien versehen werden. Die Sounds helfen, den dargestellten Objekten und Animationen eine Bedeutung zu geben. Eine virtuelle Türglocke kann anhand des gesampelten Sounds einer realen Türglocke schnell identifiziert werden, während die optische Darstellung nicht mit jedermanns Erfahrung übereinstimmt. Musik kann sogar eine ganze Landschaft „malen", wie etwa Mendelssohn-Bartholdys Werk „Die Hebriden" aus den 1830er-Jahren, welches ein Bild des Meeres und einer Höhle malt.

Ton kann als Warnsignal wirken, eine fröhliche Landschaft bizarr und gefährlich erscheinen lassen oder in grusliger Umgebung sichere Plätze markieren. Im Gegensatz dazu können endlose sonnige Bilder keinen düsteren Ton aufwiegen.[94]

Diegeses: Sounds und Musik dienen dazu, Handlungen und die erzählte Geschichte zu unterstreichen und sie verständlicher oder auch glaubhafter zu machen. Sie sorgen für eine bessere Identifikation des Spielers mit der virtuellen Spielfigur, sodass Erfolge und Rückschläge persönlich wahrgenommen werden. Dies kann zu Ausdrücken wie „Ich bin schon wieder gestorben" führen. Ein

---

[90] Vgl. Childs, S. 1-7.
[91] Weitere Information hierzu sind verfügbar in Winkler, T.: *Composing Interactive Music. Techniques and Ideas Using Max*. MIT 1998.
[92] Vgl. Munday: S. 52.
[93] Übersetzung des Autors: „Umwelt/Umgebung des Spiels, Handlung des Spiels, Eintauchen in das Spiel".
[94] Vgl. Munday: S. 55.

weiteres Beispiel ist die Erhöhung der Geschwindigkeit der Hintergrundmusik im Spiel *Sonic the Hedgehog*, sobald Sonic Laufschuhe findet. Die Veränderung in der Spielwelt wirkt sich hier ebenfalls auf den Ton aus, wodurch der Spieler Sonics Geschwindigkeitserhöhung doppelt vermittelt bekommt.

Immersion: Die Immersion beschreibt hier das Eintauchen in eine alternative Realität, welche das Computerspiel zu vermitteln versucht. Dabei gilt: Je tiefer die Immersion desto größer der Spielspaß. Musik fällt also häufig die Aufgabe zu, die Fantasie anzuregen und es dem Spieler zu erleichtern, in die Spielwelt einzutauchen. In Bezug auf die teilweise realitätsfernen Handlungen vieler Spiele[95] wie etwa Zaubern und wirkungslose Stürze aus vielen Metern Höhe, fungieren die gesampelten realen Sounds als wichtiger und eigentlich einziger Realanteil des simulierten Spiels, welcher das Spielgeschehen glaubhafter macht. Eine zentrale Fähigkeit des Komponisten muss die Gestaltung des Tons in einer bestimmten Weise sein, welche die Immersion nicht unterbricht.

Heute orientieren sich Komponisten zu diesem Zweck häufig an epischen Filmmusiken. Der Ton kann dazu genutzt werden, die reale Welt auszublenden und den „cocktail party effect"[96] bezüglich störender realer Sounds wie etwa Verkehrslärm beim Spielen eines Rollenspiels zu verhindern[97]. Das ist spieltechnisch sinnvoll, aber in Bezug auf die Suchtgefahr bedenklich.

Laut einer BBC-Studie spielen 70 Prozent der britischen Gamer, während sie bewusst andere Tonquellen im Hintergrund angeschaltet lassen.[98] Insofern stellt sich auch die Frage, ob für das Gros der Spieler Musik zum Spielen überhaupt wichtig ist und ob der Komponist überhaupt Zeit und Mühe auf eine Spielemusik verwenden sollte. Dabei sollte der Komponist stets bedenken, ob seine Musik für ein Handyspiel gedacht ist, welches im Durchschnitt nur etwa fünf Minuten zum Zeitvertreib während der Nutzung öffentlicher Verkehrsmittel gespielt wird oder ob der Spieler sich stundenlang etwa an der *Sony Playstation 3* der Musik aussetzt. So kann unnötiger Aufwand, beispielsweise mittels kurzer Loops, vermieden werden.

8.2 Weitere Anforderungen an den Sound-Designer

Das Erreichen einer guten Klangqualität und vieler Musikvarianten bei geringem Speicherplatzverbrauch war von Beginn an ein Problem. Selbst das *Nintendo DS* oder die *Sony Playstation 2* sind im Bereich Audio stark begrenzt. Letztere hält gerade einmal 2 MB für MIDI-Musik bereit. Während dies vor etwa 20 Jahren sehr viel gewesen wäre, ist es heute eine starke Einschränkung, über welche sich der Komponist stets im Klaren sein muss. Der Sound-Designer muss auch wissen, über

---

[95] In den 1970er-Jahren wurden zumeist Science-Fiction- und Fantasy-Spiele programmiert, welche den damals nicht einsetzbaren realen Ton auch nicht benötigten. (Vgl. Collins, S. 35).
[96] Der „cocktail party effect" bezeichnet die Gehirnfähigkeit, unendlich viel Ton gleichzeitig aufzunehmen und sich dabei auf einen einzigen Sound zu konzentrieren, ähnlich dem Herausfiltern einer Stimme im Partylärm.
[97] Vgl. Munday: S. 56.
[98] Vgl. ebd., S. 57.

welche Rechenleistung die Zielkonsole verfügt. Früh zu klären ist auch, ob das Budget für Musiker reicht oder ob mit MIDI-Dateien gearbeitet werden muss.

Darüber hinaus kann Musik die Aufgabe zukommen, Ladezeiten zu überbrücken und so die Immersion zu bewahren. Ein kurzes Flackern der Grafik wird kaum wahrgenommen, aber ein plötzliches, komplettes Aussetzen der Musik, lässt die Simulation der Spielwelt deutlich hervortreten und ein Bruch im Spielerlebnis ist die Folge.

Eine weitere Aufgabe des Tons in Computerspielen kann sein, den Spieler auf Lösungen hinzuweisen und ihn durch das Spiel zu leiten.[99] So kann etwa die Unterlegung eines Charakterauftritts im Spiel mit einer dem Charakter zugeschriebenen Melodie später den Spieler durch erneutes Abspielen dieser Melodie dazu anregen, diesen Charakter aufzusuchen. Auch kann ein kurzer Text wie „Geht nicht." klarstellen, dass der Spieler an der betreffenden Stelle (noch) nicht weitergelangen kann.[100]

In jedem Fall ist das oberste Ziel, auf welches ein Sound-Designer hinarbeiten sollte, ein optimales Spielerlebnis. Dafür muss unter Umständen auch die künstlerische Selbstverwirklichung zurückgestellt werden.

8.3 Audio-Design

8.3.1 Was ein Sound-Designer beachten sollte

Zunächst muss eine wichtige Option erwähnt werden, welche nicht zum Sound-Design zugehörig scheint: Der Spieler muss den Ton stumm schalten können, vorzugsweise sollten Musik, Soundeffekte, Sprache und Umgebungsgeräusche separat einstellbar sein. Auch ein Regler für die Lautstärke von Videos im Spiel ist wünschenswert. Daher sollten zumindest Sprache, Soundeffekte, Ambiente-Sound und Musik stets als getrennte Sound-Dateien vorliegen. Im Falle einer späteren Übersetzung des Spiels müssen dann nur die Sprachsounds auswechselt werden. Falls Lippenanimationen verwendet werden, können diese umprogrammiert werden, um zum Text zu passen. Ganz allgemein muss der Sound-Designer auch auf die Adressatengruppe des Spiels Rücksicht nehmen. Handelt es sich um Kinder, Familien, junge Erwachsene oder gar Senioren? Dies beeinflusst massiv die Komposition und die Soundgestaltung, denn ein Adventure-Game ab 12 Jahren sollte musikalisch nicht zum Horrortrip werden und Hardrock-Musik wird nicht von jedem Senior als positiv bewertet.

---

[99] Dieser Aspekt ist vor allem auch im Bereich interaktiver Lernspiele von Bedeutung, wo Kindern das Lernen mittels akustischer Hinweise erleichtert wird. Beispielsweise die Seite http://www.4ground.de (Stand: 17.08.12) hält zu diesem Thema viele Informationen bereit.
[100] Vgl. Leenders, S. 66-68.

8.3.2 Sprache

Heutige Computerspiele sind fast immer mit Sprachsamples ausgestattet, welche der Sound-Designer gewählt, aufgenommen, bearbeitet und implementiert hat. Manche Spiele beinhalten zehntausende Zeilen Text. Welche wichtigen Aufgaben erfüllt Sprache also?

Sprache kann Charaktere bereits ohne textlichen Inhalt beschreiben. Tiefe Stimmen werden häufig starken, langsamen Charakteren zugeschrieben, eine stark schwankende Tonhöhe kann Aufregung andeuten und ein texanischer Akzent kann simulierte Cowboys echt wirken lassen. Ein langsames Sprechtempo kann einen in sich ruhenden Mönch, aber auch Dummheit charakterisieren und lange Sätze mit gesitteter Wortwahl lassen eher auf einen erwachsenen Adeligen denn auf einen Bauern oder einen Straßenjungen schließen. Diese informationshaltigen Stereotype und weitere Effekte können nur mit gut eingesprochenem Text erzeugt werden, denn unrealistische Sprache wirkt sich katastrophal auf die Immersion aus. Ein realistisch wirkender Stimmklang hängt auch davon ab, ob ein Statusbericht, Sportkommentare, eine monologische Erzählung oder ein Dialog aufgenommen wird und ob er zu den Sprach-Dateien passt, welche kurz zuvor oder danach abgespielt werden.

Die Verwendung von Gesang in der Spielemusik ist genreabhängig. Während dies etwa bei Rennspielen keinerlei Einfluss auf das Spielgefühl hat, kann Gesang bei Rollenspielen die Spieleraufmerksamkeit auf den Text lenken, was der Immersion abträglich ist.[101]

8.3.3 Soundeffekte

Soundeffekte sind generiertes oder, oftmals in Klangwerkstätten, gesampeltes Audiomaterial. Sie unterstützen bei simulierten Handlungen wie Laufen, Springen, einem Schwerthieb, Zähne putzen oder dem Öffnen einer Tür die visuelle Ebene, um die Spielrealität glaubhafter zu gestalten. Dabei schaffen Soundeffekte Aufmerksamkeit und liefern zudem als Warnsignale Informationen sowohl über Charakterzustände wie Krankheit, Müdigkeit oder Tod als auch zu Spielzuständen wie Angriff oder Zeitmangel. Soundeffekte bei Ego-Shootern liefern Informationen, was außerhalb des aktuellen Sichtbereichs im simulierten 3D-Raum geschieht. Weiterhin geben sie dem Spieler ein Feedback als Bestätigung seiner Handlungen, indem beispielsweise Button-Sounds das erfolgreiche Anklicken von Schaltflächen im Spiel vermitteln oder beim Anklicken einer Spielfigur ein „Aye-Aye, Sir!" ertönt. Ein weiterer Punkt sind Charakter-Sounds, die mit der Umgebung korrelieren, etwa das Laufen auf Metall, Holz, Gras oder im Wasser, welches entsprechend verschiedene Geräusche ergibt.

Ähnlich wie bei der Sprache müssen auch Soundeffekte glaubhaft wirken, denn Soundunstimmigkeiten gehören entweder zu humorvollen Spielen oder sie zerstören das Spielgefühl. Eine besondere Stellung nehmen hierbei vom Spieler erwartete, unrealistische Sounds wie Faustschlag-Sounds

---

[101] Vgl. Adams, S. 149-152, 230-233.

oder hohe Synthesizer-Sounds beim Einsammeln von Medipacks[102] oder Ähnlichem ein[103]. Zur glaubhaften Gestaltung zählt auch, dass häufig abgespielte Sounds variieren und nicht hervorstechen, da sie den Spieler sonst schnell ermüden können.[104] Ein guter Sound-Designer erschafft Datenbanken voller verschiedener Schritt- oder auch Atem-Sounds, aus welchen der Audio-Engine beim Auslösen eines Events zufällig auswählt. Bei Schüssen hingegen wird der gleichbleibende Sound der jeweiligen Waffe geloopt. Andererseits können Soundeffekte auch zu leise sein oder gar an falscher Stelle erscheinen, was jedoch oft erst beim Testen des Spiels auffällt. Falls das Spiel Sounds erfordert, welche schwer nachzuahmen sind, etwa typspezifische Schusswaffengeräusche, können Sound-Bibliotheken mit Unmengen an gespeicherten Samples angeschafft werden.[105]

8.3.4 Ambiente-Sound

Zum Ambiente-Sound zählen Vögel und Affengeschrei im Urwald, Verkehrslärm in einer Stadt, Tropfgeräusche in Höhlen, Marktschreier und laute Unterhaltungen auf einem Jahrmarkt und Ähnliches. Die im Spiel simulierten Objekte wie Maschinen, Blätter oder ein Lagerfeuer müssen real klingende Sounds von sich geben, mit teilweise beruhigender oder ängstigender Wirkung. Meist werden Ambiente-Sounds in zufälliger Reihenfolge und mit variierender Pausenlänge zwischen den Loops abgespielt, um Wiederholungen unkenntlich zu machen. Ambiente-Sounds sind in 3D-Welten oft richtungsabhängig, mit entfernungsabhängiger Lautstärke und die Umgebung simulierenden Hallparametern programmiert. Entsprechend den technischen Möglichkeiten, wie der Anzahl der verfügbaren Kanäle, berechnet der Audio-Engine heute mittels DSP oft 64 Soundeffekte und Ambiente-Sounds parallel.

8.3.5 Musik

Musik oder auch Hintergrundmusik erfüllt neben den bereits genannten Ansprüchen noch weitere Funktionen. Beispielsweise kann durch einen Salsa-Rhythmus, das Ertönen eines Gongs oder die Verwendung einer schlichten, unbegleiteten Panflöten-Melodie ein kultureller Hintergrund oder eine Atmosphäre vermittelt werden. Dies kann bis zur Einbindung von Stereotypen gehen[106] und ist zur Gesellschaftskritik geeignet. In vielerlei Hinsicht ähnelt Computerspielemusik so der Filmmusik. Musik schafft Differenzen, indem zum Beispiel klassische Musik im Generalstab, aber Heavy

---

[102] Nahrung, Energiekapseln oder auch Verbandmaterial (Medipacks) sind Items, welche die Lebensenergie/den Gesundheitsstatus des Spielcharakters erhöhen. Diese Items sind häufig in Actionspielen und Ego-Shootern zu finden.
[103] Vgl. Leenders, S. 37.
[104] Vibrationseffekte bei Controllern können bei übermäßigem Einsatz ebenso ihre Wirkung verlieren. Sie eignen sich als Schockeffekte in Horrorspielen, zur Untermalung von Explosionen oder wenn man im Spiel mit einem Auto an einer Wand entlang schrammt. Vom Programmierer beeinflussbar sind hier in der Regel nur Stärke und Dauer der Vibration.
[105] Vgl. Adams, S. 149-152, 230-233.
[106] Im Spiel *Grand Theft Auto* wird im Autoradio häufig Hip-Hop-Musik gespielt, scheinbar passend zur Gesellschaftsschicht, welche Autos stiehlt.

Metal während der Schlacht abgespielt wird. In Computerspielen kann Musik zusätzlich Hinweise auf Spielkonditionen geben, wenn etwa bei *Super Mario Bros.* mit dem Einsammeln eines unverwundbar machenden Sterns die Musik wechselt.

Die Themen der beiden folgenden Absätze werden detailliert unter den Bezeichnungen „Vertikale Reorchestrierung" und „Horizontale Resequenzierung" bei Marks/Novak behandelt.

Bei der Komposition muss zunächst entschieden werden, ob die Musik durchgängig sein oder aus mehreren einzelnen Stücken bestehen soll. Im letzteren Fall erstellt der Komponist eine Playlist, auf welche später der Audio-Engine zugreift. Die Musik lässt sich mit Layern[107] dynamisch und variantenreich gestalten, was wichtig ist, denn manchmal wird Musik in einem Spielabschnitt über mehrere Stunden gehört. Sie sollte zudem nicht aufdringlich sein und keine großen dynamischen Unterschiede enthalten, da einzelne laute Stellen auffallen und dem Spieler Wiederholungen vor Augen führen.

Selbst lange Musikstücke finden ein Ende und sollten daher wiederholbar sein, um bei Loops keine Pause oder einen Bruch zu erzeugen. Zu diesem Problem gehört auch das Wechseln der Musik mitten im Stück, etwa durch Verlassen eines Gebietes, und das Speichern, bei dem zwischen weiterlaufender Musik und verschiedenen Varianten der Musikunterbrechung entschieden werden muss.[108] Diese bereits angesprochene Schwierigkeit der Musikkomposition basiert auf harmonischen Abläufen, welche beim Wechsel der Musik nicht zu ignorieren sind.[109] Anfang der 1990er-Jahre entwickelte LucasArts die Technologie iMUSE (Interactive Music Streaming Engine, dt.: Interaktiver Musikübertragungsmotor). Im Spiel *Day of the Tentacle* von 1993 ermöglicht die Verwendung von iMUSE mit MIDI-Cues (dt.: MIDI-Einsätze), *„an einem musikalisch sinnvollen Punkt zu einer komponierten Schlusssequenz der aktuellen Musik [zu springen], sodass die neue Hintergrundmusik ohne [...] Überblendung mit ihrem jeweiligen Einsatz beginnen kann."*[110] Wenn der Spieler also etwa bei *Day of the Tentacle* einen Raum mit bestimmter Musik verlässt, springt der Engine vom aktuellen Takt zu einer auskomponierten Schlusssequenz, welche zur nun folgenden Musik überleitet. Heutige Ansätze gehen in die Richtung, für jeden Takt einer Musik komponierte Übergänge zu möglichen folgenden Musiken zu erarbeiten, was beispielsweise bei acht Takten gelooter Musik und drei wählbaren Gebieten mit anderer Musik schon 24 Musikübergänge

---

[107] Layer bezeichnet das Übereinanderlegen oder gleichzeitige Abspielen mehrerer Spuren. Beispielsweise beinhaltet Spur 1 ruhige Musik und parallel läuft stumm eine aggressive Musik. Im Fall einer Kampfszene kann Spur 1 stumm gestellt und die aggressive Musik eingeschaltet werden. Das Arrangement kann auch durch Hinzuschalten weiterer Spuren dichter und aufregender werden.
[108] Ausführlichere Informationen sind verfügbar in Leenders, S. 44-46.
[109] Vgl. Adams, S. 149-152, 230-233.
[110] S. Leenders, S. 56.

ergibt. Damit dies einfacher wird, sind solche Musiken meist sehr rhythmisch und mit wiederkehrenden Harmoniefolgen angelegt.[111]

Die Festlegung auf Red-Book-Audio sorgte für einen starken Rückgang im Bereich der dynamischen Tongestaltung, da die gestalterisch variableren MIDI-Cues wegfielen. Erst seit wenigen Jahren erlaubt die Technik das dynamische Arbeiten mit hochauflösenden Audio-Dateien von Orchesteraufnahmen auf weit über 50 Kanälen, etwa durch Verwendung von Layern. Doch der Komponist Tommy Tallarico meint, er stelle sich beim Komponieren vor, er habe nur vier Stimmen für seine Musik zur Verfügung, wie in den frühen Neunzigern, um *„sich auf den thematischen Gehalt der Musik zu konzentrieren und sich nicht in der Vielfalt der technischen und ästhetischen Möglichkeiten zu verlieren."*[112] Die Ausweitung des Arrangements erfolgt dann erst im nächsten Schritt. Es ist zweckmäßig, sich im gesamten Produktionsprozess bewusst einzuschränken, um ein klares ästhetisches Gesamtkonzept vor Augen zu behalten.[113]

Eine besondere Stellung nehmen Rhythmus- und Musikspiele wie *Guitar Hero* oder *Sing Star* ein: Hier verläuft die Musik linear und verursacht selten kompositorischen Aufwand, denn sie setzt sich aus bekannten Pop-Musik-Titeln zusammen. Wichtig ist vor allem, dass Nebengeräusche nicht die Musik übertönen. Adaptivität ist denkbar, indem selbst komponierte Arrangements ausgedünnt würden, sobald der Spieler falsche Eingaben tätigt. Spiele mit bekannten Titeln haben hier jedoch Marketingvorteile.[114] [115]

8.4 Besonderheiten bei Online-Spielen und online spielbaren Spielen

Online-Spiele wie zum Beispiel *World of Warcraft* sind ausschließlich im Internet spielbar, was in Bezug auf Spiele, welche zusätzlich online spielbar sind, einige Unterschiede im Ton hervorruft. Sämtliche Daten müssen auf den PC des Nutzers übertragen werden, sodass für den Ton häufig das speicherplatzsparende MIDI-Format verwendet wird. Durch die geringe Datenmenge können extrem viele Musiken und Überleitungen gleichzeitig ablaufen, wobei nur die aktuellen geladen werden. So kann die Hintergrundmusik zu jedem Zeitpunkt gewechselt werden. Reicht die Übertragungsrate dennoch nicht, können Latenzen auftreten, was sich auf die Sprache über Mikrofon auswirkt und so die Spielbarkeit behindert.

---

[111] Das Thema „Adaptive Musik" ist an dieser Stelle für eine tiefergehende Thematisierung zu umfangreich. Informationen hierzu liefert Leenders, S. 83f. Eine Definition adaptiver Musik ist online verfügbar unter http://www.gamasutra.com/view/feature/1567/defining_adaptive_music.php (Stand: 17.08.12)
[112] S. Leenders, S. 31.
[113] Vgl. ebd., S. 31.
[114] Vgl. Leenders, S. 69.
[115] Weitere Informationen zum gesamten Kapitel liefern Hofmann/Szczypula, S. 52-71 und S. 84-99, Krause, S. 21-37 und Leenders, S. 30-121.

Im Fall von persistenten Welten[116] wie bei *World of Warcraft* tritt ein Spieler zu einem unbestimmten Zeitpunkt dem Spiel bei, während für bereits aktive Spieler schon Musik läuft. Nun kann die Musik entweder für jeden Nutzer einzeln neu gestartet werden oder der Spieler tritt in den bereits aktiven Dauerloop ein.[117]

9. Filmton und Computerspieleton

Obwohl auch heute noch der Ton in Computerspielen gegenüber Ton im Film eher nebenbei betrachtet wird, lassen sich erhebliche Unterschiede zwischen beiden Tonvarianten feststellen, die eine gesonderte Betrachtung rechtfertigen.

Ein erster Punkt ist der Gegensatz von Interaktivität und Linearität. Während in Filmen dem Zuschauer die komplette Handlungsabfolge vorgegeben wird, obliegt es in Spielen dem Spielenden, was als Nächstes geschieht.[118] Während also beim Film eine feststehende Komposition von häufig rund einer Stunde Gesamtdauer entsteht, muss der Computerspieleton auf Events reagieren. Vor allem dieser Unterschied bedingt die Auseinandersetzung mit dynamischem Ton. Dynamische Tonarbeit gilt als Alleinstellungsmerkmal gegenüber der Tongestaltung im Film. Der dynamische Ton sorgt bei Spielen neben der eigenen Aktivität zudem für eine größere Immersion als im Film.

Einen weiteren Unterschied nennt Karen Collins. Im Filmbereich haben sich die Begriffe „Diegetisch" und „Nondiegetisch" zur Beschreibung von Musik in Bezug auf die Handlung im Film durchgesetzt. Dabei bezeichnet diegetische Musik solche Musik, welche direkt in der filmischen Handlung, also am Set, erzeugt wird, etwa durch eine im Handlungsumfeld befindliche Stereoanlage oder die Musik einer im Film spielenden Bigband. Nondiegetische Musik meint jene Musik, welche nicht zur Realität des Films gehört, also beispielsweise die dramatische Musik während einer Verfolgungsjagd oder lyrische Musik während einer Liebesszene.[119] Im Bereich Computerspielemusik unterscheidet Collins undynamische, adaptive und interaktive Schallereignisse, welche jeweils entweder diegetisch oder nondiegetisch sein können.[120]

Des Weiteren können Soundeffekte in Computerspielen, ähnlich wie in Animationsfilmen, ausschließlich extern aufgenommen werden, während im Film Geräusche auch mit Bildinhalten erzeugbar sind. Das Knarren einer Tür kann während des Spielfilmdrehs aufgenommen werden, wohingegen es bei Animationsfilmen zunächst gesampelt und erst später zusammengefügt und bei

---

[116] Persistente Welten sind fortbestehende, virtuelle Welten in Online- oder Pen&Paper-Spielen, welche ein Spieler jederzeit betreten kann und in denen Ereignisse auch ohne Aktivität des Spielers ablaufen.
[117] Vgl. Adams, S. 591-617.
[118] Einige Spiele, z.B. *Age of Empires*, enthalten einen Editor, mit dem Spieler selbst Szenarien erstellen, sie online stellen und andere Spieler damit unterhalten können, was gar zu neuen Ideen bei Spieleentwicklern führen kann. Der Spieler als Prosument hat so die Möglichkeit, an der Weiterentwicklung des Spiels mitzuwirken.
[119] Die Vermischung beider Varianten wird häufig komödiantisch verwendet, etwa indem unvermittelt das spielende Orchester in der Filmrealität auftaucht.
[120] Undynamische Schallereignisse reagieren auf keine Events, adaptive auf Events im Spielverlauf und interaktive direkt auf Spielereingaben. Vgl. Collins 2007, S. 2f.

Computerspielen in die Soundscape[121] implementiert wird. Ähnliche Unterschiede existieren auch in der Verwendung von Sprache in Film und Computerspiel. Im Film gibt es in Bezug auf Sprache den Set-Ton, bei dem Dialoge direkt am Set mit möglichst wenigen Störgeräuschen aufgenommen werden, und ADR (Automated Dialogue Replacement), das heißt, der Darsteller wird „*nachträglich im Tonstudio aufgenommen, wo er zum fertigen Bild lippensynchron seinen Dialog ersetzt.*"[122] Bei filmähnlichen Spielen wie *Heavy Rain* und bei Animationsfilmen entstehen die Sprachaufnahmen jedoch meist ohne animierte Figuren. Stattdessen wird oft die Aufnahme der Texte mit dem Motion Capturing, also der Umsetzung der Bewegungen eines Darstellers auf eine Spielfigur, wobei Gesicht und Körper meist getrennt gescannt werden, verknüpft. Stimmklang, Mimik und Gestik passen dadurch besser zusammen, als es bei zeitlich getrennten Aufnahmen oftmals der Fall ist.[123] Ein Beispiel ist Andy Serkis, dessen Bewegungen am Set für die Figur „Gollum" aus „Herr der Ringe" digitalisiert wurden. Der Vorteil bei Spielen ist zudem, dass die visuell oder akustisch besten Aufnahmen miteinander verschneidbar sind.

Der Bereich Surround-Sound wird beim Film häufig für eine Vermittlung des Ambientes und von Effekten, jedoch nicht für Sprache eingesetzt, da im äußeren Bereich sitzende Kinobesucher nicht optimal beschallt werden und so Irritationen entstehen können. Bei Computerspielen hingegen sorgt die Sprache unter Verwendung von Surround Sound für eine größere Immersion.

Zu den an Filme angelehnten Zwischensequenzen, welche mit Kameraeinstellungen und Schnitten Emotionen und Handlungen von Figuren in filmischer Tradition darstellen, gehören sogenannte Ingame-Sequenzen. Hierbei werden speziell „*Spielumgebungen und Modelle des laufenden Spiels verwendet und nur durch Kamerapositionen und Schnitte eine filmische Gestaltung der Sequenz erreicht*"[124]. Ladepausen sind nicht nötig, da sich alle verwendeten Inhalte bereits im Speicher des Systems befinden. Ein Beispiel stellt das Spiel *Shadow Man* von 1999 dar. In diesem Spiel müssen zwar neben der Sequenz zusätzlich Audio-Dateien gestartet werden, aber die Ladepause wird mit einer Bildüberblendung kaschiert und beträgt zudem unter zwei Sekunden. In diesem Spiel wurden die Texte von den Synchronsprechern der Schauspieler Jack Nicholson und Whoopi Goldberg eingesprochen. Das Heranziehen berühmter Schauspieler sowohl für die Sprachaufnahmen als auch für das Motion Capturing ist heute bei größeren Produktionen keine Seltenheit mehr und fördert die Verkaufszahlen. So lieh Nora Tschirner Lara Croft in der deutschen Version des neusten Tomb-Raider-Spiels ihre Stimme und neben Jack Black sind etwa Ozzy Osbourne und ein Mitglied der Metal-Gruppe Motörhead Sprecher im Spiel „Brütal Legend". Filmlegende Max von Sydow, wel-

---

[121] Die Soundscape bezeichnet die gesamte akustische Hülle, die einen Spieler an einem virtuellen Ort umgibt. Das Wort ist zusammengesetzt aus den Begriffen Sound und Landscape (dt.: Landschaft).
[122] S. Leenders, S. 12.
[123] Manchmal passen die Sprachfiles nicht zu den erst Wochen später animierten Bewegungen der Spielfiguren, da der Programmierer die Gestik und Mimik des Sprechenden zum Zeitpunkt der Sprachaufnahme nicht kennt.
[124] S. Leenders, S. 16.

cher bereits in den 1940er-Jahren schauspielerte, spricht die letzte Leibwache von Kaiser Septim in „The Elder Scrolls V: Skyrim". Die Schauspieler des Kinofilms „Ghostbusters" wurden stimmlich und körperlich für „Ghostbusters: The Video Game" von 2009 herangezogen. Luke-Skywalker-Darsteller Mark Hamill spricht den bösartigen „Joker" in den Zeichentrickfilmen zu Batman und den neuesten Spieleablegern.

Film- und Computerspielemusik haben in ihrer Funktionalität im Zusammenhang mit anderen audiovisuellen Medien allerdings eine besondere Gemeinsamkeit, denn „[...] a major function of film music is paradoxically not to be heard at all."[125] Die Musik unterstützt die Immersion, sodass sie als einzelner Bestandteil des Films oder Spiels nicht mehr wahrgenommen wird. Trotzdem oder gerade deshalb wird viel Aufwand betrieben, um beispielsweise emotionale Liebesthemen zu entwerfen, wobei den abendländischen Vorstellungen entsprechende musikalische Mittel verwendet werden.[126] Schemata, klischeehafte Musik und Pop-Musik sind meist bekannt und können vom Gehirn schnell zugeordnet werden, da keine Energie auf ihre Deutung verwendet werden muss.[127] Sowohl in Horrorfilmen als auch in Horrorspielen erzeugen Sounds und Musik, doch auch der gezielte Einsatz von Stille, Erwartungshaltungen und eine düstere Vorahnung. Entspannende, Sicherheit vermittelnde Musik fehlt. Sowohl im Bereich Film als auch bei Computerspielen ist es schwierig, beispielsweise Gehörlosen eine gute Unterhaltung zu bieten. Während jedoch in Film und Fernsehen durch Untertitel akustische Ereignisse mehr oder weniger gut vermittelt werden können, stellt diese Praxis in Computerspielen mit vielfältigen akustischen Informationen keine Lösung dar. Umfassende Studien in diese Richtung stehen nach dem Informationsstand des Autors noch aus.

So nähert sich die Musik der Computerspiele immer mehr der Filmmusik an und in Spielen zum Film wie im Fall der Harry-Potter-Filmreihe vermarkten sich Spiel und Film gegenseitig.

10. Vermarktung von Spielen und durch Spiele

„Songs auf Computerspielen sind weltweit öfter zu hören als ein Nummer 1-Hit über Radio weltweit [...]."[128]

Spiele der 1970er- und 1980er-Jahre wurden oft auf Werbeplakaten, im Fernsehen oder am Spielautomaten selbst beworben. Dennoch blieben die meisten unbekannt. Beispielsweise der Einsatz von originalgetreuer Pop-Musik im Spiel als Vermarktungsstrategie war noch unmöglich. Heute

---

[125] Vgl. Gorbman, C.: *Unheard Melodies: Narrative Film Music*. London: BFI 1987, zit. n. Munday, S. 54, Übersetzung des Autors: „eine hauptsächliche Funktion von Filmmusik ist paradoxerweise, überhaupt nicht gehört zu werden."
[126] Vgl. Adams, S. 149-152.
[127] Vgl. Bullerjahn, S. 15.
[128] S. Tessler, Holly (2008): *The new MTV? Electronic Arts and 'playing' music*. In: Collins, Karen (Hg.): *From Pac-Man to Pop Music. Interactive Audio in Games and New Media*. Aldershot und Burlington. S. 13–25, zit. n. Bullerjahn, S. 6.

hingegen sind Spiele ein vielfältig beworbener Wirtschaftszweig und teilweise ebenso bekannt wie die Beatles, Tokio Hotel oder Adele Adkins.

In den letzten Jahren konnte eine zunehmende Fusion technischer Geräte beobachtet werden: Handys wurden zu Navigationsgeräten und Kameras, Fernseher erhielten einen USB-Anschluss und sind mittlerweile internetfähig. Ein ähnlicher Vorgang ist in der Spiel- und der Filmindustrie erkennbar, denn seit der Festlegung auf Red-Book-Audio wendet sich die Spielemusik genreabhängig stark der Filmmusik oder der Pop-Musik zu und Spielemusikkomponisten werden inzwischen wie ihre Filmkollegen ausgezeichnet. Die Verfilmung eines Spiels wie *Tomb Raider*, doch auch Spiele zu Filmreihen wie Star Wars oder zu Serien wie zur MTV-Show Pimp My Ride, erhöhen den Gewinn. Oftmals sprechen berühmte Filmstars oder ihre Synchronsprecher die Texte teurer Spieleproduktionen ein und Lizenzen für Lieder aktuell bekannter Pop-Musiker werden gekauft, sodass mit deren Namen Werbung gemacht werden kann.

Werbung wird stets gezielt platziert. So werden nachmittags in den Werbepausen amerikanischer Comedy-Serien verstärkt Online-Spiele beworben, welche dem vermutlich überwiegend jungen Fernsehpublikum zusagen könnten. Im Abspann des Spiels *Command & Conquer – Der Tiberiumkonflikt* wird für den Nachfolger *Command & Conquer Alarmstufe Rot* geworben und die Firma Black Isle verweist nach der Installation von Baldur's Gate II auf ihre Nachfolgeproduktion *Icewind Dale*.

Im Spiel preisen Firmen versteckt ihre Waren an: So stärkt ein Red Bull im Spiel *Worms 3D* den Spieler-Wurm und in Sportsimulationen sämtlicher Art lassen sich Werbebanner gezielt einfügen. Im Fall von MMORPGs (Massively Multiplayer Online Role-Playing Game, dt.: Massen-Mehrspieler-Online-Rollenspiel)[129] kann der Spieler reales Geld für einen starken Avatar oder für in der Spielrealität nützliche Gegenstände ausgeben, woraus sich bereits ein millionenschwerer Markt entwickelt hat.[130]

Werbung kann jedoch auch in Bezug auf Musik gemacht werden. Ein Jugendlicher, welcher bislang keinen Kontakt zu Hip Hop hatte, hört jene Musikrichtung beim Spiel *Grand Theft Auto* von 1997 zuweilen, wenn die Spielfigur im Auto fährt.[131] Selbst wenn er die Musik früher nicht mochte, kann das positive Spielgefühl auf den Musikgeschmack einwirken und ihn in Zukunft zum Kauf von Hip-Hop-Musik anregen. In der *Die Sims*-Spielereihe ertönen verschiedene Radiosender und auch Klavier- oder Gitarrenstücke, welche eine ganz ähnliche Wirkung auf den Spieler ausüben können. Vorher unbekannte Bands oder Komponisten können durch die gezielte Verwendung ihrer Titel in Spielen erfolgreich werden, da die Spieler das anschließend herausgebrachte Album kaufen. So wurde etwa der ghanaische Reggae-Musiker Selasee durch die Verwendung seiner Single

---

[129] MMORPG bezeichnet ein Spielgenre, bei dem mehrere Millionen Spieler ein Rollenspiel online spielen können.
[130] Diese Vorgänge bezeichnet man auch als Goldfarming und Item-Selling.
[131] Vgl. Bullerjahn, S. 4.

„Run" in FIFA 2006 plötzlich erfolgreich.[132] Das Spiel *50 Cent: Bulletproof* wiederum ist die Computerspieladaption eines Rapperlebens, für deren Erfolg die Fans des Rappers 50 Cent und seiner Musik sorgten.[133] Ältestes Beispiel dieser Vermarktungsart ist das Spiel Journey's Escape von 1982, bei welchem der Spieler ein Mitglied der Band Journey vor Fans und Fotografen retten muss, mit einigen Liedern ihres damals aktuellen Albums „Escape" als Hintergrundmusik.[134]

Mit der Einbeziehung der Titel bekannter Bands oder Komponisten kann ein Spiel auf sich aufmerksam machen und kleinere Firmen, welche sich dies nicht leisten können, vom Markt drängen. Es gilt heute gar als ungewöhnlich, bei einer größeren Spieleproduktion keinen bekannten Komponisten im Team zu haben.[135] Das Anheuern ausgezeichneter Komponisten kann jedoch auch dazu dienen, Zweifel am Erfolg des eigenen Spiels zu zerstreuen. Das Übertrumpfen mittels teurer Produktionen schädigt zudem die Qualität, da das Spielekonzept hinter den angeheuerten Personen zurückstehen könnte.

Bei *Grand Theft Auto 4* von 2008 kann der Spieler inzwischen MP3-Songs per Handy des Avatars über den realen Internetmarkt Amazon kaufen.[136] Vor allem in Renn- und Sportspielen werden aktuelle Pop-Titel verwendet, welche den Spieler nach einem Jahr bereits langweilen können und ihn daran erinnern, dass das Spiel zusammen mit seiner Musik veraltet ist. Durch diese stark verkürzte Aktualität sollen Spiele heute schnell in großen Mengen verkauft werden und büßen unter diesem Druck meist an Qualität ein. Inzwischen haben dies auch die Spieler bemerkt und misstrauen zu Recht den Spieleherstellern, welche vorrangig mit Namen und nicht mit Inhalten werben.[137]

Im Bereich der Musik- und Rhythmusspiele nimmt die Spielereihe *Guitar Hero* eine wichtige Position für Bands ein, denn hier können Songs neuer Alben getestet werden. Zudem erzeugt das Spiel nicht selten den Wunsch, eine echte Gitarre zu besitzen. Rhythmusbasierte Spiele wie *Dance Dance Revolution* oder Donkey Konga erhöhten den Verkauf von Tanzmatten und elektronischen Kongas. Weltweit haben sich Orchesterrepertoires inzwischen um Spielemusiken wie etwa aus dem Spiel *Final Fantasy VIII* von Nobuo Uematsu erweitert und Chöre singen die Titelmelodien bekannter Spiele wie *Super Mario Bros.*

---

[132] Vgl. Collins (2011), S. 436.
[133] Vgl. Tessler, S. 18.
[134] Vgl. Collins (2011), S. 427f.
[135] Vgl. ebd., S. 434.
[136] Vgl. Bullerjahn, S. 5.
[137] Vgl. Brandon, S. 206f.

11. Didaktische Sichtweise
11.1 Einordnung in die Rahmenrichtlinien und Lehrbuchvergleich

Im Folgenden dienen die Rahmenrichtlinien des Landes Sachsen-Anhalt im Bereich Musik vom 27. Februar 2003 als Grundlage.[138] In den Schulklassen bis einschließlich Klasse 9 eignet sich etwa das Thema „Musik im Wandel der Zeit", vor allem in Bezug auf die Prägung der Jugendmusikkultur durch die Konsumierung der Computer- und Videospielemusik. Weiterhin möglich ist „Musik der Gegenwart", wobei besonders auf die Verwendung aktueller populärer Musik in Spielen eingegangen werden kann, und „Musik und Alltag", da uns Computerspielemusik im Fernsehen oder in der Straßenbahn täglich begegnen kann. Diese drei Themengebiete umfassen in den Klassen 5/6 insgesamt 30 Unterrichtsstunden, in den Klassen 7/8 insgesamt 34 Unterrichtsstunden und in Klasse 9/10 noch 22 Unterrichtsstunden. In den Klassen 11/12 werden im Bereich „Musik und Medien" beispielsweise die Unterthemen „Musik als Ware", „Musikberufe im Medienbereich" und „Musik und Technik" angegeben. Speziell hier lassen sich stets Bezüge zur Computer- und Videospielemusik herstellen. Wie im Kapitel „Didaktische Aspekte für den Unterricht" noch gezeigt werden soll, eignen sich noch viele weitere Themen zur Einbindung von Computer- und Videospielemusik.

Nachdem festgestellt wurde, dass bislang weder Computer- noch Videospielemusik in den Rahmenrichtlinien enthalten ist, verwundert es nicht, dass bei der Durchsicht von insgesamt 30 Lehrbüchern durchweg keine Inhalte zu diesem Thema zu finden waren. Da ab 1986 das *Nintendo Entertainment System* auch in Deutschland vielfach verkauft wurde, hätte beispielsweise bei Lehrbüchern aus dem Jahr 1990 ein Verweis auf diese Musik existieren können. Einzig das erst kürzlich erschienene Heft „Thema Musik - Filmmusik" von Maas[139] beinhaltet eine Doppelseite zu Computer- und Videospielemusik.

Dieses Buch enthält aufgrund weitgehend fehlender Informationsquellen zur didaktischen Aufbereitung des Themas im Musikunterricht fast ausschließlich selbst erdachte Ansätze zur Behandlung im Unterricht. Da es dem Autor bislang nicht möglich war, die im Folgenden genannten Aufgabenstellungen und Unterrichtssequenzen zu erproben, sind Aufgaben und deren Beschreibung nur theoretischer Natur und Aussagen über die Akzeptanz der Aufgabenstellungen bei Schülern, den realen Schwierigkeitsgrad und den zeitlichen Umfang im Unterrichtsalltag konnten nicht getroffen werden.

11.2 Didaktische und methodische Aspekte für den Unterricht

Wie bereits erwähnt, existiert bislang recht wenig Material für den Einsatz von Computerspielen im Musikunterricht. Sehr empfehlenswert sind jedoch der *Best-Practice-Kompass* „*Computerspiele im*

---

[138] Eine pdf-Datei mit dem Titel „Rahmenrichtlinien Musik Sachsen-Anhalt, 2003" ist auf dem beigelegten USB-Stick gespeichert.
[139] Vgl. Maas, S. 52,53.

Unterricht" und „*Elternabende Computerspiele*", beide herausgegeben von der Landesanstalt für Medien Nordrhein-Westfalen, welche viele Informationen und Unterrichtsmaterial für jedes Unterrichtsfach in Bezug auf Computerspiele bereithalten.[140]

Nicht betrachtet werden die Bereiche „Serious Games" und „Game Based Learning"[141] sowie digitale Lernspiele. Dennoch muss erwähnt werden, dass jedwedes Computerspiel bestimmte Kompetenzen fördern kann und nur der übermäßige Gebrauch Kompetenzen verkümmern lässt.[142]

Spiele, welche im Unterricht behandelt werden, können schnell eine negative Konnotation erlangen, da sie mit Lernen in Verbindung gebracht werden.[143] Lehrer sollten beim Einsatz von Spielen im Unterricht daher stets bedenken, dass sie wie auch bei der Wahl der behandelten Musik womöglich einen Eingriff in die Privatsphäre der Schüler vornehmen, welchen diese nicht gutheißen. Die Schüler könnten dann schlimmstenfalls den Unterricht boykottieren, den Unterrichtszweck ignorieren und einfach nur spielen. Es ist möglich, Schüler aus einer Liste von Themenbereichen jene wählen zu lassen, welche sie in Bezug auf Computerspielemusik am meisten interessieren. Auf ihren Aussagen basierend kann dann eine Auswahl vom Lehrer getroffen werden.

Prinzipiell sind alle Informationen dieses Buches für den Unterricht verwendbar. Da die Unterrichtszeit knapp bemessen ist, gilt es für jeden Lehrer, selbst einen geeigneten Umfang festzulegen und die benötigten Inhalte sinnvoll neu zusammenzustellen.

Themengebiete, welche im Musikunterricht, aber auch in anderen Fächern oder fächerübergreifend behandelt werden können, werden im Folgenden erläutert.

11.2.1 Orientierung an musikdidaktischen Konzeptionen

Viele Lehrer entwickeln im Beruf effiziente Vorgehensweisen, wie sie Unterrichtinhalte vermitteln. Oftmals tendieren sie dabei in Richtung einer bestehenden didaktischen Konzeption. In diesem Absatz wird kurz gezeigt, dass Computerspielmusik für verschiedene didaktische Konzeptionen geeignet ist.

Zum Bereich „Handlungsorientierter Unterricht" gehört etwa das Nachspielen der Melodien, um sich der Musik anzunähern. Da die Erstellung einer Spielemusik inklusive der technischen Besonderheiten unrealistisch ist, bietet sich die Gestaltung der Musik eines Trailers durch die Auswahl

---

[140] Die pdf-Dateien befinden sich auf dem beigelegten USB-Stick und sind im Internet verfügbar unter www.lfm-nrw.de/fileadmin/lfm-nrw/Publikationen-Download/BestPracticeKompass_Computerspiele_Web.pdf (Stand: 16.08.12) und www.spieleratgeber-nrw.de/?siteid=3216. (Stand: 16.08.12). Weitere informative Internetseiten sind im Anhang aufgelistet.
[141] Übersetzung des Autors: „ernsthafte Spiele" und „spielbasiertes Lernen".
[142] Als einführende Lektüre zu diesen Themen eignen sich die Artikel „Lernen und Kompetenzerwerb mit Computerspielen" von Christa Gebel und „Einige theoretische Überlegungen über das pädagogische Potenzial digitaler Lernspiele" von Ulrich Wechselberger in Bevc/Zapf (Hg.), 2009. Manfred Spitzers Veröffentlichung „Digitale Demenz. Wie wir uns und unsere Kinder um den Verstand bringen" (2012) warnt auf wissenschaftlicher Basis vor den digitalen Medien.
[143] Vgl. Wechselberger, S. 109.

oder das selbstständige Einspielen von Musik und Sounds an. So werden Fachbegriffe des Spielemusik-Bereiches wie Loop, dynamischer Ton, Interaktivität oder Nonlinearität besser verstanden, denn beim Erstellen der Trailermusik müssen die Inhalte dieser Termini immer wieder bedacht werden.

Eine Verbindung mit der „Auditiven Wahrnehmungserziehung" besteht direkt über die technische Seite der Spielemusik in Form von Schall, Sampling und der Wiedergabe in Mono, Stereo oder Surround Sound. Bewusstes Hören, um die (Aus-)Wirkungen des Computerspieletons auf Spielende und auf die Gesellschaft zu erfassen, kann durch einen Verweis auf die aktuell stark von elektrischen Klängen beeinflusste Musik ergänzt werden. Ein Vergleich von Computerspielemusik mit anderer Musik bietet sich ebenso an. Schüler können außerdem Spiele ohne Ton spielen, um dessen Funktionen im Spiel zu erfahren.

Selbst in Bezug auf die „Orientierung am Kunstwerk" nach Michael Alt kann auf die Verwendung der Melodien aus Barock und Klassik in Spielen verwiesen werden. Durch eine Musikanalyse wird zudem die Wiederkehr althergebrachter Kompositionstechniken deutlich.

11.2.2 Überlegungen zur Methodik anhand einzelner Unterrichtsvorschläge

Da es in finanzieller Hinsicht schwierig ist, behandelte Spiele für den Schulgebrauch zu erwerben, ist die Arbeit mit Videos der Internetplattform „YouTube" sehr sinnvoll. Der Gebrauch altersgerechter Videos im Musikunterricht kann so über „YouTube" problemlos erfolgen. Generell existiert im Internet eine Menge Anschauungsmaterial.[144]

Der Einsatz von Medien ist insofern zwar sehr empfehlenswert, sollte aber gut durchdacht sein. Da sich die Konzentration der Schüler sonst schnell dem bloßen Spielen zuwendet, sollte die unterrichtliche Verwendung von Spielen stets von klaren Aufgabenstellungen begleitet werden.

Beispielsweise als Station beim Stationenlernen kann ein Schüler bereitgestellte Spielausschnitte mit Kopfhörern erst mit und dann ohne Ton spielen. Bei einem Echtzeitstrategiespiel wird dem Schüler vermutlich auffallen, dass der Ton eine überlebenswichtige Informationsquelle darstellt, während er bei einem Jump'n'Run immens den Spielspaß fördert.

Generell lassen sich auch die nachfolgenden Fragestellungen in eine Stationsarbeit einbinden.

Im Rahmen von Gruppenarbeiten können Schüler erörtern, in welchen Spielen Ton überhaupt sinnvoll ist. Darauf basierend werden die Inhalte zur Sound-Historie aus Kapitel 4.2 thematisiert.

Für den fragend-entwickelnden Unterricht bietet sich beim Abspielen von Spielevideos vor der Klasse die Frage an, welche Wirkung der Ton auf den Spieler hat und woher diese Wirkung kommt. Hierzu eignen sich Inhalte aus den Kapiteln 8 und 9.

---

[144] Arbeitsblätter wie etwa der Fragebogen „Musikspiele am Computer" von Tobias Hübner können verwendet oder variiert werden. Der Fragebogen ist auf dem beigelegten USB-Stick enthalten und online verfügbar unter http://www.lehrer-online.de/musikspiele.php?show_complete_article=1 (Stand: 25.08.2012).

Lernen durch Lehren ist im Fall hochmotivierter Schüler als benotete Hausaufgabe sinnvoll, indem der Schüler beispielsweise zu den Begriffen Loop, dynamischer Ton, Interaktivität und Nonlinearität oder zur Funktion von Musik nach Kapitel 8.1 einen Unterrichtsteil vorbereitet. Alle genannten Themen lassen sich gut unter Einbeziehung aller Schüler lehren.

Kurze Schülervorträge können etwa zur Entstehung eines Spiels aus Sicht eines Sound-Designers mittels des Textes aus Kapitel 7 erfolgen. Ein informativer Exkurs zu diesem Thema ist der Besuch eines Tonstudios, in welchem Spieleton produziert wird.

Als Lehrervortrag mit Anschauungsmaterial, aber auch als Einzelarbeit denkbar sind die Historie der Spiele aus Kapitel 3 oder auch die Vermarktung von Spielen und durch Spiele aus Kapitel 10.

Als Aufgabenstellung für eine Gruppenarbeit eignet sich die Analyse der Musik in Spielen daraufhin, ob sie zu jener Zeit aktuell war, als das Spiel auf den Markt kam. Für ein positives Ergebnis bieten sich hier vorrangig Sport- und Rennspiele an. Zudem ist ein Internetzugang zur Recherche nützlich.

11.3 Weitere Unterrichtsvorschläge

Auf Basis der Befragung der Schüler des Friedrich-Schiller-Gymnasiums in Eisenberg und Überlegungen des Autors erfolgt nun eine Auflistung möglicher Unterrichtsthemen.

- Entstehung von Spieleton
- Entwicklung von Spieleton in den letzten Jahrzehnten
    - Entwicklung der Spielemusik aus technischer und musikalischer Sicht
    - Entwicklung der Verwendung von Samples und MIDI
    - Klärung technischer Begriffe wie Loop, Interaktivität und Ähnlichem
- Ausschnitte der Historie elektronischer Spiele mit grafischem Display
- Gegenseitige Beeinflussung von Pop-/Elektromusik und Computerspielemusik
- Vergleich von Spieleton mit anderem Ton
- Prägung der Spieler durch Spieleton
    - Gewöhnung an Spieleton (zum Beispiel Gewöhnung an Synthesizer-Klänge)
    - Erwartungen (zum Beispiel Bestätigungs-Sounds, Faustschlag-Sounds)
- Vermarktung mittels Spielemusik
    - Werbung für Komponisten
    - Werbung für Bands und deren Alben
- Wirkung von Spieleton auf den Spieler
    - Erzeugen von Gefühlen durch Spielemusik
    - Passender und unpassender Ton (z. B.: ein einziger Schritt-Sound trotz wechselnden Untergrunds)

- Aufgaben von Spieleton im Spiel
    - Informationsvermittlung
    - Immersion
    - Unterstützung der Handlung
- Musikanalyse
    - Aktualität der Spielemusik
    - Verwendung von Schemata,
    - Notenanalyse (Aufbau, Melodik, Motivik etc.)
    - Instrumentennachahmungen, häufig verwendete Instrumente
- Besuch eines Tonstudios

Neben den oben genannten existieren sicherlich noch weitere interessante Unterrichtsthemen. Leider ist es in diesem Buch nicht möglich, sämtliche aufgelistete Gedanken zu bearbeiten. Im Folgenden sind einige Fragestellungen und Aufgaben für den Unterricht enthalten. Material ist in den verschiedenen Kapiteln und unter den genannten Internetadressen verfügbar.

11.4 Fragen, Aufgaben und eine mögliche Zielorientierung

Dieses Kapitel enthält eine Reihe von Fragen und Aufgaben (•) für Schüler. Sie sind für verschiedene Altersgruppen geeignet. Zumeist sind sie an Schülergruppen gerichtet, können jedoch oftmals auch von einem einzelnen Schüler bewältigt werden. Viele Aufgaben eignen sich nach Meinung des Autors als Teil einer Stationsarbeit. Die Verwendung eines Computers ist oftmals unerlässlich. Ebenso sind Kopfhörer meist sinnvoll, um den Geräuschpegel in der Klasse niedrig zu halten. Die Zielorientierungen (o) sind lediglich als Eckpunkte gedacht und können erweitert oder auch eingeschränkt werden.

- Hört euch die Hintergrundmusiken des Spiels *Tetris* an. Welchem Musikgenre würdet ihr sie zuordnen? Überprüft eure Vermutung und informiert euch über die Herkunft des Spiels.
    - Musik A: Korobeiniki, ein russisches Volkslied, Musik B: Komposition von Hirokazu Tanaka, Musik C: Menuett aus Französischer Suite Nr. 3 von Bach, BWV 814
- Beschreibt die Musik des Spiels *Neverwinter Nights/Icewind Dale/Gothic 3/The Elder Scrolls V* und vergleicht sie mit der Filmmusik von „Der Herr der Ringe". Analysiert sie hierfür in Bezug auf Besetzung, die Verwendung elektronischer Klänge, Anfang und Ende der Musik und den harmonischen Verlauf.
    - Orchestrale Musik, Streicher, Schlagwerk und Bläser meist deutlich hörbar, keine elektronischen Klänge, Einblenden und Ausblenden
    - Musik schnell nicht mehr wahrgenommen, spielt in Film und Spiel oft eine nebensächliche Rolle, beide durchkomponiert, aber Spielemusik geloopt

- Vergleicht den Ton eines Animationsfilms (zum Beispiel „Ice Age") mit Spieleton. Achtet dabei auf Sprache, Soundeffekte, die verwendete Musik usw. - Wie unterscheiden sich Spiel- und Animationsfilmton in ihrer Produktion?
    - Unterschiede: Linearität und Adaptivität, Spielesounds öfter zu hören (etwa Button-Sounds)
    - Gemeinsamkeiten: Aufnahmeverfahren, Effekterzeugung, Musikcharakter wechselhaft
- Viele Spieler stellen beim Spielen generell den Ton aus. Sie meinen, der Ton sei nervig. Hört euch den Ton des Spiels *Donkey Kong* an. Beschreibt eure Empfindungen.
    - Stete Wiederholung sehr einfacher Tonabfolgen, durchdringende synthetische Sounds, fehlende Abwechslung wird auf Dauer als störend empfunden
- Vergleicht die Spiele *New Super Mario Bros.* und *Command & Conquer Tiberium Wars* in Hinsicht auf die Funktion ihrer Spielemusik und Soundeffekte! Bei welchem Spiel kann ohne Ton gespielt werden? Warum ist er bei dem anderen Spiel so wichtig?
    - *New Super Mario Bros.*: ohne Ton spielbar, weil jener hauptsächlich Spaß vermittelt und die Handlungen untermalt
    - *Command & Conquer Tiberium Wars*: Ton unterstreicht Handlungen und liefert Informationen wie „Unsere Basis wird angegriffen!", ohne die der Erfolg gefährdet wäre. Weiteres Beispiel: Schussgeräusche geben schnelle Information, welche Waffe der Feind nutzt, ohne sie im Schlachtgetümmel sehen zu müssen.
- Hört euch die Musiken des Spiels *Icewind Dale* an. Welcher Spielszene würdet ihr die jeweilige Musik zuordnen? Hört euch nun „Die Hebriden" von Felix Mendelssohn-Bartholdy an. Die Musik charakterisiert eine Landschaft. Könnt ihr sie euch vorstellen? Überlegt, wie eure Vorstellungen zustande kommen.
    - Musikinterpretation: weite Landschaften, Kampfmusik
    - Ähnlichkeit der beiden „Osthafen"-Musiken könnte erkannt und thematisiert werden.
    - Durch Filmmusik vermittelte Stereotype
    - Ähnliche Wirkungsweise der Musiken trotz über 150 Jahren Differenz
- Wählt ein Sport- oder Rennspiel (Vertreter der Spielereihe *Need for Speed* oder *Ridge Racer*, Hang on, FIFA 2012 oder ältere Vertreter, Bundesliga Trainer 2012, Wii Sports etc.) aus und hört euch seine Musiktitel an. Ordnet sie einem Musikgenre zu. Recherchiert, ob die Musik im Erscheinungsjahr des Spiels auf CD erhältlich war oder gar im Radio lief. (Der Lehrer sollte letztere Aufgabe zunächst selbst erfüllen, um sicherzustellen, dass die Schüler Nützliches finden können.)
    - Musikgenre oftmals Pop-Musik, eventuell Hymnen

- o Vermutung des Autors: Oftmals wurden aktuelle Hits verwendet oder auch Stücke von Musikgruppen, welche erst später zum Hit wurden.
- o Verweis auf Vermarktungsstrategien in Bezug auf Komponisten/Musiker
- Hört euch verschiedene Hintergrundmusiken an und vergleicht sie mit den aktuellen Radio-Hits. Euch wird auffallen, dass bei vielen Spielen kein Gesang in der Hintergrundmusik vorkommt. Was ist der Grund dafür?
  - o Gesangstext meist der Konzentration auf das Spiel abträglich, kann spielverlaufbezogene Sprache stören
  - o Gegebenenfalls Übersetzung notwendig
- Spielt das Spiel *Neverwinter Nights* und achtet auf die Soundeffekte. Überlegt euch, wie der Sound-Designer sie erstellt haben könnte. Denkt euch selbst Möglichkeiten zur Erzeugung von Soundeffekten aus, etwa für Button-Sounds, Bestätigungs-Sounds oder Sounds im Zusammenhang mit Zaubern.
  - o Ideenentwicklung für Soundentstehung
  - o Informationssammlung zu Klangwerkstätten
- Ordnet die Musik den Spielszenen zu! Überlegt euch, welche Musikgenres und Spielgenres zueinander passen.
  - o Stereotype Vorstellungen von Kampf-, Tavernen-, Panoramamusik
  - o Thematisierung dieser Stereotype
  - o Populäre Musik – Rennspiele, Barock- und mittelalterliche Musik – Spiele mit mittelalterlicher Spielumgebung, epische Orchestermusik - Rollenspiele
- Hört euch die Sounds an und ordnet sie einem Spielgenre zu. Welche Sounds sind typisch für bestimmte Spielgenres?
  - o Stereotype Vorstellungen und deren Thematisierung
- Setzt euch zu zweit an die Videos (beispielsweise *Sonic the Hedgehog* und *Age of Empires*, wobei der Titel des Videos informationsneutral sein muss). Ihr dürft nicht zum Bildschirm sehen! Spielt nun das Video ab und hört besonders auf die Musik. Welchen Spielinhalt verbindet ihr mit der Musik? Macht euch Notizen! Seht euch nun das Video an. Hat eure Vorstellung mit dem Spielgeschehen übereingestimmt? Begründet!
  - o Stereotype und Vorstellungskraft, Zuordnung von Klangmustern
  - o Erkennen der Ähnlichkeit des Charakters bei den Musiken vergleichbarer Spielszenen
- Was ist ein Loop? Untersucht die Musik der Spiele *Donkey Kong*, *Tetris*, *Super Mario Bros.* und *Sonic the Hedgehog*. Erkennt ihr die Loops? Überlegt, warum das Erkennen bei manchen Spielen schwieriger ist, als bei anderen.
  - o Musikschleife/unbegrenzte Anzahl an Musikwiederholungen

- o Je älter das Spiel, desto kürzer die Musik und desto leichter sind Wiederholungen erkennbar, neuere Spiele mit abwechslungsreicherer Musik
  - o Für die genaue Messung der Dauer eines Loops und für eine bessere Kontrolle der Aufgabenerfüllung können die Schüler eine Stoppuhr verwenden.
- Informiert euch über den Standard „Red-Book-Audio". Erstellt eine Liste mit Fakten, warum die Festlegung der Spielehersteller auf Red-Book-Audio eine entscheidende Wendung im Bereich Spielemusik war.
  - o Audio-CD-Qualität der Musik, welche aber viel Speicherplatz benötigt, also auch weniger Freiraum für den Sound-Designer
  - o MIDI entfiel weitgehend, gute Fortschritte in der dynamischen Musikgestaltung verworfen (Bezug zu iMUSE)
- Informiert euch über die technischen Möglichkeiten zu der Zeit, als *F-Zero* aktuell war. Warum hat der Komponist keine aktuelle Musik aus dem Radio verwendet? (Für diese Aufgabe muss den Schülern im Vorfeld ein Basiswissen zum Thema Computerspielemusik vermittelt oder Informationsmaterial bereitgestellt werden.)
  - o Speicher noch nicht groß genug für gesamtes Musik-Sample
  - o Klänge noch nicht authentisch genug
  - o Radio-Musik der 1990er-Jahre unpassend für futuristische Szenerie
- Bei dem Spiel *Day oft the Tentacle* springt die Musik an einer beliebigen Stelle zu einem komponierten Schluss, sobald der Spieler ein Gebiet verlässt. Informiert euch über die Musik des Spiels. Heute wird diese Kompositionsweise in vielen Spielen angestrebt. Diskutiert darüber, warum dies so ist.
  - o Technologie iMUSE
  - o Absatz zur horizontalen Resequenzierung in Kapitel 8.3.5
- Vergleicht den Trailer zu *Command & Conquer* mit dem Video, in welchem das Spiel gespielt wird. Welches Video gefällt euch besser und wieso?
  - o Vermutung des Autors: Trailer, da das Spiel grafisch weniger bietet, als die im Trailer verwendeten Ingame-Sequenzen, Musik meist besser als im Spiel
- Schaut euch das Video „*Die Geschichte der Ego-Shooter 1*" an. Notiert euch, ab wann für euch realistische Gewalt vorkommt. Vergleicht eure Meinung dazu untereinander.
  - o Realistische Grafik verstärkt die Gewaltempfindung
  - o In Bezug auf Leid der Verwundeten unrealistischer Ton
  - o Vermutung des Autors: ab *Wolfenstein 3D*, 1992
- Welche drei Hauptfunktionen erfüllt der Ton in Computerspielen? Diskutiert in der Klasse darüber und informiert euch anschließend im Text über Anforderungen an den Sound-Designer nach Rod Munday.

- - o Inhalte des Kapitels 8.1
  - o Stets weitere Schülerideen berücksichtigen
- Diskutiert darüber, wodurch sich Computerspielemusik von anderer Musik abhebt. Überlegt euch danach eine allgemeine Beschreibung für Computerspielemusik.
  - o Adaptivität, Nonlinearität, Umgebungscharakterisierung
  - o Grobe Orientierung an Rod Mundays Definition in Kapitel 11.5.3
- Veranschaulicht auf einem Zeitstrahl, wie die Akzeptanz elektrisch/elektronisch veränderter Musik in der Gesellschaft des 20. und 21. Jahrhunderts anstieg. Tragt hierzu Instrumente und technische Fortschritte ein (zum Beispiel: E-Violine, erste Mikrofone). (Diese Aufgabe beansprucht mindestens 90 Minuten Unterrichtszeit oder ist als umfangreiche Hausaufgabe zu werten.)
  - o Inhalte aus Kapitel 6, Internetrecherche notwendig
  - o Immer schnellere Weiterentwicklung in den letzten Jahrzehnten
  - o Schrittweise Gewöhnung der Gesellschaft an unnatürliche Klänge
- Informiert euch darüber, was ein Sound-Designer beim Erstellen von Sprache/Soundeffekten/Ambiente-Sounds beachten muss. Wählt nun ein Spiel (*Assassin's Creed 2*, *Shadow Man*, FIFA 2012, *Command & Conquer Tiberium Wars* etc.) und untersucht, ob der Sound-Designer eures gewählten Spiels alle Anforderungen erfüllt. Macht euch Notizen dazu und vergleicht untereinander in der Klasse, was ihr herausgefunden habt. (Diese Aufgabe erfordert umfangreiches Informationsmaterial, beispielsweise die Abschnitte 8.1 bis 8.3.4 des vorliegenden Buches.)
  - o Einige Aspekte aus den Kapiteln 8.1 bis 8.3.4
- Plant und gestaltet gemeinsam den Ton eines Trailers. Informiert euch, welche Inhalte des Spiels dort hineingehören. Ihr könnt Musik und Sounds auswählen oder selbst etwas aufnehmen.
  - o Je nach verfügbarer Aufnahmetechnik (zum Beispiel Audacity[145]) und Schülermotivation unterschiedliche Ergebnisse
  - o Musikausschnitte oder durchgängige Musik mit Intention zum Spiel (passend oder kontrovers und daher witzig)
  - o verständliche, klanglich dem Textinhalt angepasste Sprache
  - o Lautstärke der Parameter gut abwägen
- Spielt die Melodie des Spiels *Tetris* nach Gehör am Klavier nach. Sucht dabei zuerst den Anfangston und arbeitet euch Note für Note voran. Notiert die Melodie im Violinschlüssel (g-Schlüssel).

---

[145] Online verfügbar unter http://www.chip.de/downloads/Audacity_13010690.html (Stand: 29.08.2012).

o   Je nach Fähigkeiten schnellere oder langsamere Fortschritte, aber letztlich Ergebnisse vermutlich mit kleinen Fehlern

11.5   Beispiele für Unterrichtsinhalte
11.5.1   Vergleich von Spieleton mit anderem Ton

Dieses Thema ist in doppelter Hinsicht bedenkenswert, da sich der Lehrer sowohl mit der Spielemusik als auch mit anderen Musikstilen, mit welchen er sie vergleicht, in die Privatsphäre seiner Schüler vordringt. Subjektiv wertende Aussagen sollten daher unbedingt vermieden werden.

Seit der Festlegung auf Red-Book-Audio und des Zuwachses des Datenspeichers sind in Spielen alle Musikgenre möglich und neben Samples nehmen je nach Budget auch Live-Einspielungen zu. Vergleiche der verwendeten Instrumente, des vermittelten Gefühls, der Melodielinien und des Rhythmus' bieten sich an. Bei einer Gegenüberstellung von Pop-Musik und Spielemusik kann vor allem auf Renn- und Sportspiele eingegangen werden. Eine Musikanalyse wäre ebenso erkenntnisreich, muss jedoch in Bezug auf das Niveau den Fähigkeiten der Schüler entsprechen. Die Authentizität ist diskutabel, indem Musik verschiedenen Spielgenres zugeordnet wird. Interessant ist auch die Frage, welche Spielemusik im Radio erfolgreich sein könnte und aus welchem Grund. Wo ist die Trennlinie zwischen Musik für Spiele und Musik, welche in Spielen verwendet wird? Die Vermarktungsthematik kann hier nahtlos anschließen.

Auch die Art und Weise, wie der Ton erzeugt wird, kann thematisiert werden. Wird der Ton wie im Film live zum fertig geschnittenen Bild eingespielt?[146] Dies bietet sich allenfalls für die Musik an, denn Sounds müssen größtenteils adaptiv sein. Sounds, Sprache und Musik für Spiele werden meist in mehreren Sessions aufgenommen. Im Zusammenhang damit kann auch auf Aufnahmetechniken der Film- und der Spielindustrie und MIDI eingegangen werden. Material hierzu ist in Kapitel 9 zusammengestellt.

Bei einem direkten Vergleich eines Spiels und eines Animationsfilms, zum Beispiel *Wall-E*, können die Schüler selbst Unterschiede erkennen. Ein Video mit einem Gespräch mit Ben Burtt, dem Sound-Designer von *Wall-E*, ist auf der im Anhang genannten Internetseite verfügbar.

11.5.2   Entwicklung von Spielemusik und Werbung für Computerspiele am Beispiel Super Mario

Wie die durchgeführte Umfrage andeutet, liegt ein Interessenschwerpunkt auf der Weiterentwicklung der Spielemusik in den letzten 20 Jahren. Da das erste Spiel, welches die später als Mario bezeichnete Spielfigur beinhaltet, mittlerweile 31 Jahre alt ist und auch heute noch Ableger produziert und gut verkauft werden, betrachtet der Autor im Folgenden viele Super-Mario-Spiele, um die Weiterentwicklung des Tons in Konsolenspielen und somit einen großen Ausschnitt der Sound-

---

[146] Ein visuelles Beispiel ist hier der Film „The Glenn Miller Story", etwa bei 01:20:00.

Historie an einem konkreten Beispiel nachvollziehbar darstellen zu können. Daten zu fast allen Konsolen sind bei Forster auf S. 218-230 aufgelistet.

Erste Soundchips gab es Ende der 1970er-Jahre und Speicherplatz war zu dieser Zeit rar. Während bei *Donkey Kong* sehr kurze Basslinien als Loop gespielt wurden, entfiel bei *Mario Bros.* die Hintergrundmusik nahezu komplett. Zu Beginn ertönte die Melodie aus Mozarts „Eine kleine Nachtmusik". Lauf- und Sprunggeräusche waren bereits in diesen Spielen vorhanden und beim Einsammeln von Items wurde ein Bestätigungs-Sound abgespielt. Auch das Geräusch, welches beim Einsammeln von Münzen ertönt, behielten die Entwickler unter Berücksichtigung der technischen Weiterentwicklung in seinen Grundzügen bis heute bei.

Super Mario Bros. hatte bereits eine sehr eingängige, ausgefeilte und durchgängige Hintergrundmusik, welche auf den vier Kanälen des *NES* wiedergegeben wurde. Ein Rauschgenerator wurde auf dem vierten Kanal als Percussion genutzt. Der Komponist Koji Kondo wurde mit der Musik zu *Super Mario Bros.* berühmt und beeinflusste so viele nachfolgende Spiele. Mit verschiedenen Melodien in Dur oder Moll charakterisiert Kondo die Spielwelt, in welcher sich Mario gerade befindet. Auch in aktuellen Spielen werden häufig Melodien von *Super Mario Bros.* verwendet. Schrittgeräusche werden hier inzwischen nicht mehr eingesetzt, aber das Sprunggeräusch ist der Prototyp für drei Nachfolger.

Bei *Super Mario Bros. 2* entspricht die Musik des Startbildschirms recht genau der Unterwassermusik aus *Super Mario Bros.* und in Geheimwelten ertönt eine Variation der Oberweltmusik des Vorgängers. Wie im Vorgänger und etlichen Nachfolgern unterstreicht der Ton die Grafik und vermittelt Unbeschwertheit, Düsternis oder die Gegenwart eines Level-Endgegners.

Super Mario Bros. 3 hält viele neue Möglichkeiten, eine Landkarte und komplett neue Musiken bereit, obgleich das Aufsammeln von Stern oder Pilz und der Sprung auf die Gegner dasselbe Geräusch erzeugen wie noch in *Super Mario Bros.* Besonders dann, wenn Mario seine neueste Fähigkeit, das Fliegen, ausübt, ist hörbar, dass nach wie vor nur vier Kanäle auch für die Sounds verwendet werden, sodass während des Flug-Sounds die erste und zweite Melodie der Hintergrundmusik verstummen. Die Musik in Festungen ist erneut düster, eine neue Unterwassermusik wurde ebenfalls komponiert, aber die Unterweltmusik erinnert sehr stark an die Unterweltmusik aus Teil 1. Der Tod Marios wurde neu vertont und erste Percussion-Samples ins Spiel einbezogen.

In *Super Mario World* kann Mario erstmals den Dinosaurier Yoshi finden. Sobald er auf ihm reitet, wird die Hintergrundmusik mit Bongo-Rhythmen aufgefüllt. Zudem wurde eine komplett neue Mario-Melodie erfunden, welche in immer neuen Arrangements und über das ganze Spiel verteilt auftritt. Mit der neuen 16-Bit-Konsole *SNES* waren mehr Geräusche und neue, vielfältigere Musiken möglich, auch in Stereo. Generell sind Instrumentennachahmungen deutlich auszumachen, wie etwa die synthetische Tuba in der Melodie des Levels „Yoshi's Island 2". Geistermusik in Geisterhäusern ist durch hohe, dissonante Synthesizer-Klänge mit unnatürlich tiefen Bläser-Sounds gekennzeichnet. Der insgesamt realistischer klingende Sound lässt die Musik noch natürlicher wirken, als bei den Vorgängern.

Musik und Sounds in Marios erstem 3D-Spiel *Super Mario 64* werden in Dolby Surround Sound wiedergegeben, wobei gleichzeitig 16-24 Kanäle für jeglichen Ton zur Verfügung stehen. Erstmals erhält Mario eine Stimme, welche häufig im Spiel ertönt. Dennoch wird Sprache, vermutlich aufgrund des Speicherplatzes, eher selten verwendet. Musik wird oft als Effektmittel eingesetzt, doch es gibt auch viele durchgängige Hintergrundmusiken. Prioritätsparameter sind genutzt worden, um die Musik im Fall wichtiger Sounds automatisch leiser zu stellen. Es existieren verschiedene Sprung-Sounds und ein einziger Schritt-Sound, welcher jedoch aufgrund der Klangfülle des Spiels nicht allzu negativ auffällt.

Super Mario Sunshine für den *Nintendo GameCube* mit 64 Kanälen, Dolby Pro Logic II, 16-Bit DSP und Musik in Audio-CD-Qualität hat endgültig den Bereich der Videospielemusik hinter sich gelassen. Jeder Stil kann gespielt werden und auch Samples erreichen Audio-CD-Qualität. Neben Melodien früherer Mario-Spiele hält das Spiel wieder viele neue Musiken und Ideen bereit. Inzwischen werden die Schritt-Sounds entsprechend des Untergrundes gewechselt, aber eine Datenbank für unterschiedliche Schritt-Sounds auf gleichem Untergrund scheint noch nicht angesteuert zu werden. Bis auf technische Daten gelten die obigen Aussagen auch für *New Super Mario Bros.* für *Nintendo DS*.

Bei *Super Mario Galaxy* existiert nun eine Datenbank für Schritt-Sounds. Auch der Effekt, dass die Spielemusik gedämpft und nicht bloß leiser erklingt, sobald sich Mario unter Wasser befindet, ist neu und fordert die *Nintendo Wii*. Erstmals macht der Komponist Koji Kondo Orchesteraufnahmen für die Spielemusik. Von der technischen Seite her hat sich gegenüber früheren Konsolen wenig geändert. Lediglich der Arbeitsspeicher ist etwas größer geworden.

Trotz großer technischer Fortschritte seit *Super Mario Bros.* wird in *New Super Mario Bros. 2* auf dem *Nintendo 3DS* bei Marios Tod die gleiche Musik wie beim genannten Vorgänger verwendet. Es sind inzwischen genug Kanäle vorhanden, sodass beim Fliegen keine Melodielinie der Hintergrundmusik durch den Flug-Sound ersetzt wird.

Obgleich bislang vom neuen Mario-Spiel *New Super Mario Bros. U* für die *Nintendo Wii U* nur einzelne Levels der Öffentlichkeit zugänglich waren, ist zu erkennen, dass viele Sounds noch dieselben sind wie vor über 20 Jahren. Sprung-, Feuerkugel-, Pilz-, Yoshi- und Münzen-Sounds entsprechen den Sounds aus *Super Mario Bros.* oder *Super Mario World*. Die Herabsetzung der Lautstärke der Musik erfolgt fließend und jedes noch so kurze Geräusch ist aus technischer Sicht auf dem neuesten Stand. Die Melodien sind beschwingt und verspielt wie früher, aber allesamt neu. Seinen fröhlichen Grundcharakter hat Marios Spielewelt also nicht abgelegt.

Die Verwendung alter Melodien in neuem Gewand[147] erfreut viele Spieler immer wieder und zeigt, dass auch die ältesten Super-Mario-Melodien hochklassig waren. Dieser Trend wird sich voraussichtlich in weiteren Super-Mario-Produktionen fortsetzen.

Auch die Werbefilme, welche Spielspaß, einen Einblick in das Gameplay und zum Teil einige Gags beinhalten, zeigen die deutlichen Unterschiede zwischen den einzelnen Spielen. Die früheste hier betrachtete Werbung setzt auf Puppen, eine im Verhältnis zur Spieltechnik viel bessere Musik und eine dramatische Szenerie, um den eher unspektakulären Spielinhalt von *Mario Bros.* gut zu verkaufen. In der Werbung für *New Super Mario Bros. 2* sorgen Penélope und Mónica Cruz für eine zusätzliche Aufwertung des Spiels. Für *New Super Mario Bros. U* wird dagegen ausschließlich mit Spielinhalten geworben. Doch auch außerhalb der Spielebranche wurde Mario bereits eingesetzt – etwa die Mario-Figur aus *Super Mario 64* in einer *Super Mario 64 Milchwerbung*.

11.5.3 Was ist (Computer-)Spielen? Was ist Computerspielemusik?

Spielen ist „*eine freie, innerhalb eines eigenen Realitätsrahmens intrinsisch motivierte, ‚zweckfreie' Handlung*"[148], welche Unterhaltungserleben entstehen lässt. Ein Computerspiel ist als Spiel definiert, „*bei dem der Spielende durch technisch vermittelte Simulation und Regelüberwachung (‚Spielleitung') eine ‚Stimulation' erfährt und die Kommunikation innerhalb der Simulation, also die Interaktion mit dem Spielgeschehen und den Spielpartnern, ebenfalls technisch vermittelt erfolgt.*"[149] Die Handlung „Spiel" ist nur durch eine aktiv handelnde Person möglich und ohne sie erfüllt das (Computer-)Spiel weder als Gegenstand noch als Handlung einen Zweck. Ein (Computer-)Spiel hat beispielsweise keinen praktischen Wert wie ein Vogelhäuschen und oft keinen kulturellen Wert wie ein Gemälde.

Eine mögliche Definition des Terminus Computerspielemusik formuliert Rod Munday:

"*Video-game music is a discrete patterns of sounds and silences generated by the game software which, in combination with other visual, kinaestetic and tactile sensory stimuli, contribute to creating the phenomenon of the gameworld.*"[150]

Demnach unterstützt die Musik andere Sinneseindrücke, um ein stimmiges Gesamtbild zu erzeugen.

---

[147] Vgl. Video-Datei „Super Mario 3D Land für Nintendo 3DS" bei 00:42.
[148] S. Jendereck/Wünsch, S. 47.
[149] S. ebd., S. 47.
[150] S. Munday, S. 54, Übersetzung des Autors: „Computerspielemusik ist eine spezielle Abfolge von Geräuschen und Stille, generiert von Spielesoftware, welche in Verbindung mit anderen visuellen, kinästhetischen und tastbaren Reizen dazu beiträgt, die Erscheinung einer Spielwelt zu erschaffen."

11.5.4 Wirkung von Spieleton am Beispiel *Age of Empires*

In diesem Kapitel wird die Wirkung des Spieletons auf den Spieler thematisiert, wobei auch der Wirkungsursprung untersucht wird. Ein gutes Beispiel hierfür stellt *Age of Empires* dar, ein Echtzeit-Strategiespiel, welches die Epochen Altsteinzeit bis Eisenzeit umfasst. Einige Musiktitel, Ambiente-Sounds und Bestätigungs-Sounds beim Anklicken eines Objektes können nach der Installation des Spieles in den zugehörigen Ordnern gefunden werden. Ein Video[151] und ein Trailer zum Spiel sind auf den im Anhang angegebenen Internetseiten verfügbar..

Orientiert an Rod Mundays drei Funktionen aus Kapitel 8.1 kann die Wirkung des Tons von *Age of Empires* auf den Spieler zunächst wie folgt beschrieben werden.

Für eine gute Immersion sorgen die teilweise wechselnden, kurzen, realistischen Bestätigungs-Sounds neben den verschiedenen Ambiente-Sounds. Die Musik ist größtenteils so komponiert, dass sie der Spieler kohärent zur dargestellten Epoche wahrnimmt.

Meer- und Wüste-Sounds untermalen den aktuellen Bildschirminhalt akustisch. Das Trompeten eines Elefanten, das Brüllen von Löwen und Vogelgezwitscher fallen ebenfalls in den Bereich der Umweltdarstellung.

Die Spielhandlung wird akustisch etwa durch klirrende Schwerter, ein Signalhorn bei Angriffen des Gegners, Einsturzgeräusche beim Abriss eines Gebäudes oder Pferdegetrappel beim Bewegen berittener Einheiten unterstützt.

Generell sind an der Beschaffenheit der Musik und Sounds das Können des Sound-Designers und die 1997 verfügbare Technik zum Teil gut erkennbar.

Hintergrundmusik 1 enthält viele Percussion-Elemente und ist sehr rhythmisch angelegt. Mittelbar und unmittelbar geschlagene Instrumente sind am wahrscheinlichsten für die Altsteinzeit und werden oftmals mit altertümlicher Musik in Verbindung gebracht. Ein vermutlich einer Lyra nachempfundener Klang setzt bei 00:00:11 ein. Der bei 00:00:26 einsetzende Klang könnte tiefe Männerstimmen darstellen, doch der sehr tiefe Basston zu Beginn der Musik war bis zur Eisenzeit hin vermutlich nicht erzeugbar. Etwa bei 00:00:50 ertönt ein Blasinstrument, welches an frühzeitliche Knochenflöten angelehnt sein könnte. Ab 00:01:30 setzt ein Klang ein, welcher womöglich einem Xylophon nachempfunden ist. Zu jener Zeit hätten Menschen ähnliche Instrumente aus Knochen herstellen können. *Hintergrundmusik 1* erzeugt so eine realitätsnahe akustische Umgebung, welche dem Spieler das Gefühl vermittelt, sich in der entsprechenden Epoche zu befinden.

Gezupfte Streichinstrumente, tiefe und hohe Synthesizer-Sounds mit langer Sustain-Phase machen *Hintergrundmusik 2* hingegen weitaus unglaubwürdiger für die Altsteinzeit. Darüber, ob dies auffällig oder störend für Spieler ist, welche nicht explizit auf die Musik achten, kann der Autor keine Aussage treffen.

---

[151] Ein qualitativ hochwertigeres Video mit einer vergleichbar guten Darstellung des Inhalts war leider nicht verfügbar. (Stand: 30.08.2012).

Die Musiken für *Sieg* und *Niederlage* unterscheiden sich vor allem im Metrum. Während die Siegesmusik eher schnell, rhythmisch und lebendig wirkt, verstärken Tonbeugung des Basstons und Akkorde aus Voice-Sounds den traurigen Charakter der melancholischen *Niederlage*-Melodie. Damit wirken die Bestandteile der jeweiligen Musik vor allem auf bestehende Stereotype ein, welche der Spieler meist aus seinem medialen Umfeld kennt.

Das Ertönen des *Alarmsignals* veranlasst den Spieler dazu, den Status seiner Einheiten zu überprüfen und die Karte nach Angreifern abzusuchen. Der Klang des Weltwunder-Sounds, sobald ein Gegner eines errichtet hat, führt zu Stress, da ein Countdown gegen den Spieler begonnen hat.

Generell kann gesagt werden, dass als unpassend empfundener Ton sehr negativ auf den Spieler wirkt und folglich frühzeitig stumm geschaltet wird, wodurch die Wirkung des Spiels weiter beeinträchtigt wird. Vor allem in Spielen mit eigentlich witzigem Inhalt zerstört ein schlechter Ton das gesamte Spielgefühl. Auf der anderen Seite kann guter Ton zu einer besseren Spielerlebnis führen und dem Spieler im Gedächtnis bleiben, sodass erneutes Ertönen einen positiven Effekt auf die Gefühle des Spielers bewirkt. Weitere Inhalte zu diesem Thema enthalten die Kapitel 8, 9 und 10.

11.5.5 Einfluss von Musik auf Spielsucht und Gewalt in Computerspielen

Spielsucht wird neben der häufigen Zuordnung zu Casinos und Spielen um Geld auch im Bereich der Computerspiele thematisiert. Neben externen Einflüssen (etwa große soziale Probleme), welche eine Spielsucht begünstigen können, existieren Merkmale von Computerspielen mit demselben Effekt: die zumeist eindeutige Zielsetzung, etwa das Besiegen eines Feindes, das direkte Feedback des Spiels auf Eingaben des Spielers, soziale Kontakte zu realen oder computergesteuerten Figuren der Spielwelt, die heute oft bestehende Möglichkeit der Anpassung der Spielanforderungen an die eigenen Fähigkeiten, die vollständige Kontrolle der Spielsituation durch Lade- und Pausierungsmöglichkeiten und die vollständige Konzentration auf das Spielen unter Ausschluss störender Einflüsse aus der Lebensrealität. Eine mögliche Folge ist der Verlust der dualistischen Perspektive, also der Fähigkeit, zwischen künstlicher Spielrealität und Lebensrealität zu unterscheiden, was schlimmstenfalls zu Gewaltausübung im realen Leben führen kann.

Nachdem im April 2012 der Ego-Shooter *Crysis 2* von einer Jury zum besten Spiel des Jahres gewählt worden war, entfachte dies sogar eine Bundestagsdebatte darüber, inwiefern Spiele mit friedlichen Lösungen ausgestattet sein sollten. Eine Rücknahme der Auszeichnung wurde gefordert. Die Jury meinte hierzu, dass *Crysis 2* ohne den gewalttätigen Inhalt und in der Betrachtung auf Grafik, Ton und Gameplay eingeschränkt, unbestritten hervorragend sei.[152]

---

[152] Vgl. http://www.spiegel.de/netzwelt/netzpolitik/deutscher-computerspielpreis-ego-shooter-crysis-2-gewinner-a-829989.html (Stand: 01.09.2012).

Generell ist zu beobachten, dass in Bezug auf Spiele mit Gewaltinhalt Ego-Shooter stets zuerst genannt werden. Doch auch Schach ist durch das „Schlagen" der Figuren mit Gewalt verbunden, bei Fußball oder Rugby erleiden die Spieler oft Verletzungen und Millionen begeistern sich für den Boxsport. Fast alle Spiele bauen auf Konflikten auf, welche das Spiel erst interessant machen und sich mehr oder weniger stark in Richtung Gewalt bewegen. *Space Invaders* beinhaltet das Zerstören von Feinden, in *Super Mario Bros.* springt man seinen Feinden auf den Kopf oder verbrennt sie, bei *Battle Chess* von 1988 werden gegnerische Schachfiguren teilweise geköpft oder gegessen und in *Moorhuhn* wird für Punkte auf Vögel geschossen. Unrealistische Grafik und unwirkliche Geräusche lassen hier die Gewalt jedoch irreal erscheinen. Der Hang zur Gewalt zeichnet sich etwa im Fernsehen durch die hohe Anzahl an Thrillern und Krimi-Serien aus. Der fehlende Realitätsbezug wird inzwischen immer mehr durch grafische Verbesserungen aufgehoben, sodass durch eine zu reale Darstellung der ethisch nicht vertretbaren Inhalte und der fehlenden Bestrafung von Gewalt die Grenzen von Spiele- und Lebensrealität verschwimmen. Realistischer Ton müsste in Film und Spiel das Leid der Opfer darstellen, doch dies würde das angestrebte Erlebensgefühl stören oder gar potentielle Käufer abschrecken. Insofern haben die Grafik und der Spielinhalt mehr Einfluss auf einen möglichen Realitätsverlust in Bezug auf Gewalt als der Ton des Spiels.[153]

11.5.6 Technische Aspekte der Computerspielemusik

In den Bereich der Technik gehören vor allem Aufnahmetechniken, dazu eventuell ein Vergleich zur Filmindustrie, MIDI und Sampling-Technologie. Die Entwicklung von Soundchips und Soundkarten und die daraus hervorgehende Verbesserung des Klangs[154] bis hin zur Audio-CD-Qualität durch die Einigung auf Red-Book-Audio lassen sich genauso thematisieren wie die Musik-Datenkapazität. Beispielsweise beträgt bei dem Action-Adventure *Shadow Man* die Datenmenge des Audiomaterials zwei Drittel der gesamten Datenmenge. Dies liegt unter anderem darin begründet, dass viele Ingame-Sequenzen auftreten. Generell werden bei linearen Filmsequenzen in Spielen Full Motion Videos und Ingame-Sequenzen unterschieden. Full Motion Videos haben eine im Vergleich zum Spiel höhere grafische Qualität, etwa die Film-Sequenzen in *Command & Conquer* oder *Diablo 2*, und werden als Video-Datei abgespielt. Eine Ingame-Sequenz, welche die Inhalte *„des Spiels verwendet und nur Kamerapositionswechsel und Schnitte für eine filmische Gestaltung der Sequenz nutzt"*[155], benötigt weniger Speicherplatz. Eine Ladepause ist nicht nötig, da sich alle verwendeten Inhalte bereits im Speicher des Systems befinden. Bei den Ingame-Sequenzen in *Shadow Man* müssen zusätzliche Audio-Dateien gestartet werden, was während des Spielens jedoch kaum bemerkbar ist.

---

[153] Vgl. Adams, S. 276ff.
[154] Hierzu befindet sich das Beispiel „PC Soundentwicklung" auf dem beigelegten USB-Stick.
[155] S. Leenders, S. 16.

Historisch gesehen führt die Musik-Datenkapazität zu der Frage, was zu welcher Zeit überhaupt möglich war. Welche Instrumente hatte der Sound-Designer zur Verfügung? Wie wurde das Problem der Musikübergänge angegangen?
Daran schließen sich die Themen iMUSE (Kapitel 8.3.5) und generell die Erhöhung von Leistung und Speicherplatz an.

11.5.7 Inhalte zu Musiktheorie und Musikanalyse

Eine Orchesterbesetzung für Computerspielemusik ist heute nicht mehr selten und falls Noten vorhanden sind, kann auch mittels jener Musik den Schülern das Orchesterwesen näher gebracht werden. Das Hören von Instrumenten kann sowohl mit Klassik als auch mit Spielemusik erfolgen, wobei zusätzlich auf hinzugefügte Effekte eingegangen werden kann. Das folgende Notenbeispiel beinhaltet Musik von *Day of the Tentacle*.

Abb. 1: *The Day of the Tentacle* – Musik von Schwester Ednas Raum
(Clint Bajakian, Peter McConnell und Michael Z. Land, LucasArts, 1993).

Anhand der Noten kann die besondere Funktion von iMUSE, nämlich das Springen in auskomponierte Schlusssequenzen, gezeigt werden.[156]

Wie bereits angesprochen, kann der gezielte Einsatz von Dur und Moll hörend analysiert und auf die Verwendung in Opern für gute oder böse Charaktere hingewiesen werden.

Wenn der Spieler in *Sonic the Hedgehog* beim letzten Versuch scheitert, ertönt eine Melodie mit einem abwärts geführten passus duriusculus im Bass, was schon im Barock ein beliebtes musikalisches Mittel zur Darstellung von Tod war. Im Fall der Verfügbarkeit von Noten zu entsprechenden Melodien wird diese Ähnlichkeit deutlich. Auch Leitmotivik kann besser verständlich gemacht

---

[156] Die Musik von Schwester Ednas Raum ertönt im auf dem USB-Stick enthaltenen Video ab 00:01:05.

werden, wenn etwa neben Wagners „Riesen-Motiv" aus dem „Ring des Nibelungen" auf Spielcharaktere eingegangen wird, die in ähnlicher Weise musikalisch untermalt sind.

12   Fazit

Die Präsenz von Computer- und Konsolenspielen ist sowohl im Alltag als auch in der Wissenschaft stark angestiegen. In den letzten Jahren erfolgten ausführliche Betrachtungen zur Musik dieser Spiele, auf denen das vorliegende Werk inhaltlich aufbaut. Im Rahmen dieses Buches wurden viele der in der „New Media Theory" diskutierten Unterthemen von Computer- und Konsolenspielemusik vorgestellt und zweckdienliche Informationen zusammengetragen. Nahezu ausschließlich auf deren Basis entwickelte der Autor Fragestellungen und Themenschwerpunkte für eine Betrachtung im Musikunterricht, welche allerdings bislang nicht praktisch erprobt und bewertet werden konnten.

Der Autor ist der Ansicht, dass dieses Buch einen didaktisch bisher kaum erörterten Gegenstand anspricht. Mit ihrer Hilfe konnte thematisiert werden, dass eine Auseinandersetzung mit Spielemusik im Musikunterricht ebenso sinnvoll sein kann wie beispielsweise die Behandlung der Sonatenhauptsatzform.

Nach Meinung des Autors sollte Spielemusik daher in didaktischer Hinsicht künftig weiter erforscht und als vollwertiges Thema in den Musikunterricht integriert werden, auch auf Grund der häufigen Konsumierung von Computer- und Konsolenspielen durch Kinder und Jugendliche.

13 Quellen- und Internetquellenverzeichnis

Adams, Ernest: *Fundamentals of Game Design. Second Edition.* Pearson Education, Inc., Berkeley 2010.

Boer, James R.: *Game Audio Programming. Advances in Computer Graphics and Game Development.* Charles River Media, Incl., Massachusetts 2003.

Brandon, Alexander: *Audio for Games: Planning, Process and Production.* New Riders, Berkeley 2005.

Bullerjahn, Claudia: *Musik in Computerspielen. Vermarktungspotenzial, Nutzung und Wirkung.* In: Jost/Klug/Schmidt/Neumann-Braun (Hrsg.): *Populäre Musik,mediale Musik? Transdisziplinäre Beiträge zu Medien der populären Musik*, Nomos, Baden-Baden 2011, S. 33–59.

Childs, G. W.: *Creating music and Sound for games.* Thomson Course Technology PTR, a division of Thomson Learning Inc., Boston 2007.

Clark, Andrew: *Defining Adaptive Music.* 2007, online verfügbar unter http://www.gamasutra.com/view/feature/1567/defining_adaptive_music.php (Stand: 17.08.12).

Clark, Andrew/Akeley, Kurt: *Adaptive Music.* 2001, online verfügbar unter http://www.gamasutra.com/view/feature/3076/adaptive_music.php (Stand: 25.08.2012).

Cohen, Annabel: *Functions of music in multimedia: A cognitive approach.* In S.W. Yi (Hrsg.): *Music, mind & science.* Seoul University Press, Seoul 1999, S. 40-68, online verfügbar unter http://www.upei.ca/~musicog/research/docs/funcmusicmultimedia.pdf (Stand: 25.08.2012).

Collins, Karen: *An Introduction to the Participatory and Non-Linear Aspects of Video Games Audio.* In S. Hawkins und J. Richardson: *Essays on Sound and Vision.* Helsinki University Press, Helsinki 2007, S. 263-298, online verfügbar unter http://www.gamessound.com/interactive.pdf (Stand: 25.08.2012).

Collins, Karen (2008): *Game Sound.* MIT Press, Cambridge, MA, USA, 2008.

Collins, Karen: *Grand Theft Audio? Popular Music and Intellectual Property in Video Games.* In McQuinn, Julie: *Popular Music and Multimedia.* Ashgate Publishing Company, USA 2011, S. XII-XXVII und S. 423-441.

Cordes, Colleen/Miller, Edward: *Die pädagogische Illusion. Ein kritischer Blick auf die Bedeutung des Computers für die kindliche Entwicklung.* Verlag Freies Geistesleben, 1. Aufl. Stuttgart 2002.

Dittbrenner, Nils: *Soundchip-Musik.* 2005, online verfügbar unter http://www.gamessound.com/texts/MA_Arbeit_NDittbrenner.pdf (Stand: 25.08.2012).

Föllmer, Golo: *Netzmusik. Elektronische, ästhetische und soziale Strukturen einer partizipativen Musik.* Wolke Verlag, Hofheim 2005.

Forster, Winnie: *Gameplan: Spielkonsolen und Heimcomputer:* 1972-2009. 3. Auflage, Eulenspiegel druck gmbH, Andechs 2009.

Gebel, Christa: *Lernen und Kompetenzerwerb mit Computerspielen.* In: Bevc, Tobias/Zapf, Holger (Hg.): *Wie wir spielen, was wir werden. Computerspiele in unserer Gesellschaft.* UVK Verlagsgesellschaft mbH, Konstanz 2009, S. 77-94.

Hofmann, Jan und Szczypula, Oliver: *Game Sound.* Stuttgart 2006, online verfügbar unter http://www.hdm-stuttgart.de/~curdt/Hofmann_Szczypula.pdf (Stand: 01.08.12).

Hörisch, Jochen: *Eine Geschichte der Medien. Von der Oblate zum Internet.* Frankfurt am Main: Suhrkamp 2004.

Jendereck, Bastian/Wünsch, Carsten: *Computerspielen als Unterhaltung.* In Quandt/Wimmer/Wolling: *Die Computerspieler. Studien zur Nutzung von Computergames.* 2. Auflage, VS Verlag für Sozialwissenschaften GWV Fachverlage GmbH, Wiesbaden 2009, S. 47-55.

Jendereck, Bastian: *Echtzeitabenteuer ohne Grafik und Sound: Nutzung von Multi-User-Domains.* In Quandt/Wimmer/Wolling: *Die Computerspieler. Studien zur Nutzung von Computergames.* 2. Auflage, VS Verlag für Sozialwissenschaften GWV Fachverlage GmbH, Wiesbaden 2009, S. 314-317.

Kent, Steven: *The Ultimate History of Video Games. From Pong to Pokemon—The Story Behind the Craze That Touched Our Lives and Changed the World.* Three Rivers Press/Random House, New York, NY, USA, 2001.

Kondo, Koji: *Painting an Interactive Musical Landscape.* Vortrag im Rahmen der Annual Game Developer's Conference. San Francisco/CA, USA: 4-9. März 2007, online verfügbar unter http://nintendo.joystiq.com/2007/03/08/gdc-07-koji-kondo-and-the-art-of-interactive-music/ (Stand: 25.08.2012).

Krause: *Adaptive Musik in Computerspielen. Grundlagen und Konzepte zur dynamischen Gestaltung.* 2008, online verfügbar unter http://www.hdm-stuttgart.de/~curdt/Krause.pdf (Stand: 25.08.2012).

Leenders, Matts Johan: *Sound für Videospiele. Besondere Kriterien und Techniken bei der Ton- und Musikproduktion für Computer- und Videospiele.* Schüren Verlag GmbH, Schüren 2012.

Maas, Georg: *Thema Musik - Filmmusik,* Ernst Klett Verlag GmbH, Stuttgart 2012.

Marks, Aaron: *The complete Guide to Game Audio.* Lawrence/KS, USA: CMP Books 2001.

Marks, Aaron und Novak, Jeannie: *Game Development Essentials: Game Audio Development.* Delmar, Cengage Learning. Clifton Park, NY, USA 2009.

Menzel, Karl H.: *PC-Musiker. Der Einsatz computergestützter Recording-Systeme im Amateursektor.* Electronic Publishing, Osnabrück 2005.

Müller-Lietzkow, Jörg: *Überblick über die Computer- und Videospielindustrie.* In: Quandt/ Wimmer/Wolling: *Die Computerspieler. Studien zur Nutzung von Computergames.* 2. Auflage, VS Verlag für Sozialwissenschaften GWV Fachverlage GmbH, Wiesbaden 2009, S. 241-261.

Munday, Rod: *3. Music in Video Games.* In: Sexton, Jamie: *Music, Sound and Multimedia.* Edinburgh University Press 2007, S. 51 – 66.

Oberhoff, Bernd: *Das Unbewusste in der Musik.* Imago Psychosozial-Verlag, Gießen 2007.

Schoenrock, Michael: Über *virtuelle Klangwelten von Filmen und Videospielen.* 2009, nicht mehr online verfügbar (Stand: 25.08.2012), Download: 15.05.2012.

Tessler, Holly: *The new MTV? Electronic Arts and 'playing' music.* In: Collins, K. (Hg.): *From Pac-Man to Pop Music. Interactive Audio in Games and New Media.* Aldershot und Burlington 2008, S. 13–25.

Wechselberger, Ulrich: *Einige theoretische Überlegungen über das pädagogische Potenzial digitaler Lernspiele.* In: Bevc, Tobias/Zapf, Holger (Hg.): *Wie wir spielen, was wir werden. Computerspiele in unserer Gesellschaft.* UVK Verlagsgesellschaft mbH, Konstanz 2009, S. 95-111.

Winkler, Todd: *Composing interactive music.* First MIT Press, Massachusetts 2001.

http://de.ign.com/news/14355/PC-Grafik-ist-mittlerweile-24-mal-so-leistungsstark-wie-die-Xbox360 (Stand: 18.06.12)

http://help.apple.com/logicpro/mac/9.1.6/de/logicpro/usermanual/index.html#chapter=32%26section=4%26tasks=true (Stand: 01.08.12)

http://msdn.microsoft.com/en-us/library/windows/desktop/ee418756(v=vs.85).aspx (Stand: 29.07.12)

http://www.absatzwirtschaft.de/content/online-marketing/news/auslagerung-des-denkens-auf-maschinen-schadet-dem-gehirn;77750;0 (Stand: 27.09.12)

http://www.analog-synth.de/emu/workshop/modsyn.htm (Stand: 17.06.12)

http://www.auftakte.de/2010/05/computerspiele-im-musikunterricht-guitar-hero (Stand: 14.04.12)

http://www.biu.online.de/home/news/01-dezember-2009-familien-ohne-spielekonsolen-bald-in-der-minderheit/ (Stand: 01.08.12)

http://www.computerbild.de/artikel/cds-News-Xbox-360-Xbox-Smart-Glass-Microsoft-7613950.html (Stand: 16.08.12)

http://www.chip.de/downloads/CHIP-Ausgabe-No.-1_13010360.html (Stand: 27.09.12).

http://www.chip.de/news/Xbox-720-Alle-Details-zur-Next-Gen-Konsole-geleakt_56320908.html (Stand: 16.08.12)

http://www.computerbild.de/artikel/cbs-News-Studie-Gaming-Videospiele-foerdern-Kreativitaet-Gehirnleistung-Untersuchung-7362539.html (Stand: 11.09.12)

http://www.computermuseum-muenchen.de/computer/atari/520stm.html (Stand: 17.06.12)

http://www.crossfire-designs.de/index.php?lang=de&what=articles (Stand: 29.07.12)

http://www.deutschecomputerspiele.de/ (Stand: 15.06.12)

http://www.gamasutra.com/features/20040430/brandon_01.shtml (Stand 25.08.12)

http://www.gamasutra.com/view/feature/171142/10_tips_the_creation_and_.php (Stand: 17.06.12)

http://www.gamasutra.com/view/feature/2189/enhancing_the_impact_of_music_in_.php (Stand 25.08.12)

http://www.gamessound.com (Stand: 27.07.12)

http://www.hfmt-hamburg.de/service/it-service-center/support/tutorien/midi-in-der-praxis/midi-datei-sinvoll-einsetzen/ (Stand: 17.08.12)

http://www.homecomputermuseum.de/cgi-bin/forum/start.pl (Stand: 17.06.12)

http://www.iasig.org/pubs/interviews/guy_whitmore.shtml (Stand 25.08.12)

http://www.jaapan.de/heimcomputer (Stand: 17.06.12)

http://www.lehrer-online.de/musik.php (Stand: 16.08.12)

http://www.lehrer-online.de/musikspiele.php?show_complete_article=1 (Stand: 25.08.12)

http://www.lfm-nrw.de/fileadmin/lfm-nrw/Publikationen-Download/BestPracticeKompass_Computerspiele_Web.pdf (Stand: 16.08.12)

http://www.mpfs.de/fileadmin/JIM-pdf07/JIM-Studie2007.pdf (Stand: 23.08.12)

http://www.nlm.de/u-materialien-computer-spiele.html (Stand: 16.08.12)

http://www.nlm.de/u-materialien-online-spiele.html (Stand: 16.08.12)

http://www.spiegel.de/netzwelt/netzpolitik/deutscher-computerspielpreis-ego-shooter-crysis-2-gewinner-a-829989.html (Stand: 01.09.12)

http://www.spielautomaten.co.uk/die-geschichte-der-spielautomaten.html (Stand: 17.06.12)

http://www.spielbar.de/neu/2011/09/praxisprojekte-mit-computerspielen/ (Stand: 14.04.12)

http://www.spieleratgeber-nrw.de/?siteid=3216 (Stand: 16.08.12)

http://www.syntheticwave.de/Wellenfeldsynthese.htm. (Stand: 14.07.12)

http://www.tbf-austria.org/kunstkopfstereophonie.html (Stand: 14.07.12)

http://www.thomann.de/de/onlineexpert_33_2.html. (Stand: 17.06.12)

http://www.videogameconsolelibrary.com/art-crash.htm (Stand: 15.06.12)

http://www.videospielgeschichten.de/telematch.html (Stand: 17.06.12)

http://www.was-war-wann.de/geschichte/geschichte_der_spielkonsole.html (Stand: 30.08.12)

14   Abbildungsverzeichnis

Abb. 1: Auszug aus *Day of the Tentacle* (Clint Bajakian, Peter McConnell und Michael Z. Land, LucasArts, 1993). Abbildung aus Collins 2008, S. 53.

15 Anhang

15.1 Übersicht der durchgesehenen Schulbücher

Schulbuch	Erscheinungsdatum	themenverwandte Inhalte
Spielpläne 7/8	1986	
Klang und Zeichen Bd. 2	1987	
Musikkontakte 2	1987	
Musikland 5/6	1990	
Spielpläne 1	1990 und 2003	
Spielpläne 2	1991	Sequenzer, Homerecording
Musikland 7/8	1992	
Musik um uns 2	1993	
Musikland 3	1994	Aufnahme, PC-Programme allgemein
Musik um uns 3	1995	
Spielpläne 7/8	1997	Komposition am PC für Pop/Fernsehen
Musik erleben 7	1999	
Musik erleben 8	1999	Sequenzer
Spielpläne 9/10	1999	Komposition am PC für Pop/Fernsehen
Dreiklang 9/10	2000	Samples, Sequenzer, komponieren
Musik erleben 9	2000	Videovertonung mit PC-Programmen
Soundcheck 1	2001	
Soundcheck 3	2004	
Die Musikstunde 9/10	2005	
Duden – Musik SII	2006	Interneteinfluss, Musikdownload, Mobile Music
Soundcheck SII	2008	
Dreiklang 5/6	2009	
Dreiklang 7/8	2011	Aufnahme, Mischpult, -historie
Klick 7 – 9	2011	
Musik um uns	2011	Umgang mit Sequenzer-Programm Magix, MIDI des Titels „Ben" (Michael Jackson)
O-Ton 1	2011	
Töne 1	2011	
Musikbuch 1	2012	
Töne 2	2012	

15.2 Übersicht nach Meinung des Autors besonders hilfreicher Quellen

Bullerjahn, Claudia: *Musik in Computerspielen. Vermarktungspotenzial, Nutzung und Wirkung.* In: Jost/Klug/Schmidt/Neumann-Braun (Hrsg.): *Populäre Musik,mediale Musik? Transdisziplinäre Beiträge zu Medien der populären Musik*, Nomos, Baden-Baden 2011, S. 33–59.

Childs, G. W.: *Creating music and Sound for games.* Thomson Course Technology PTR, a division of Thomson Learning Inc., Boston 2007.

Collins, Karen (2008): *Game Sound.* MIT Press, Cambridge, MA, USA, 2008.

Forster, Winnie: *Gameplan: Spielkonsolen und Heimcomputer:* 1972-2009. 3. Auflage, Eulenspiegel druck gmbH, Andechs 2009.

Kent, Steven: *The Ultimate History of Video Games. From Pong to Pokemon—The Story Behind the Craze That Touched Our Lives and Changed the World.* Three Rivers Press/Random House, New York, NY, USA, 2001.

Leenders, Matts Johan: *Sound für Videospiele. Besondere Kriterien und Techniken bei der Ton- und Musikproduktion für Computer- und Videospiele.* Schüren Verlag GmbH, Schüren 2012.

Marks, Aaron: *The complete Guide to Game Audio.* Lawrence/KS, USA: CMP Books 2001.

Munday, Rod: *3. Music in Video Games.* In: Sexton, Jamie: *Music, Sound and Multimedia.* Edinburgh University Press 2007, S. 51 – 66.

http://www.auftakte.de/2010/05/computerspiele-im-musikunterricht-guitar-hero/ (Stand: 14.04.12)

http://www.computermuseum-muenchen.de/computer/atari/520stm.html (Stand: 17.06.12)

http://www.crossfire-designs.de/index.php?lang=de&what=articles (Stand: 29.07.12)

http://www.gamasutra.com (Stand 25.08.12)

http://www.lehrer-online.de/musik.php (Stand: 16.08.12)

http://www.nlm.de/u-materialien-online-spiele.html (Stand: 16.08.12)

http://www.nlm.de/u-materialien-computer-spiele.html (Stand: 16.08.12)

http://www.spielbar.de/neu/2011/09/praxisprojekte-mit-computerspielen/ (Stand: 14.04.12)

http://www.spieleratgeber-nrw.de/?siteid=3216 (Stand: 16.08.12)

www.lfm-nrw.de/fileadmin/lfm-nrw/Publikationen-Download/BestPracticeKompass_Computerspiele_Web.pdf (Stand: 16.08.12)

15.3 Übersicht der Fotos und Videos

Referenzdatum	Name	Download-Datum	Format
1910	Mills Liberty Bell	18.06.2012, 00:34	Video
	http://www.youtube.com/watch?v=qpMeR_5Ekq0		
1930	Kohlemikrofonaufnahme	29.08.2012, 12:53	Video
	http://www.youtube.com/watch?v=LwBNiK3WphQ		
1951	Nimrod	30.08.2012, 21:58	Foto
	http://en.wikipedia.org/wiki/File:Nimrod_in_Computerspielemuseum.jpg		
1952	OXO	30.08.2012, 22:01	Foto
	http://upload.wikimedia.org/wikipedia/commons/9/9b/Oxo.jpg		
1959	Tennis for two	17.06.2012, 23:28	Video
	http://www.youtube.com/watch?v=6PG2mdU_i8k		
Um 1960	IBM 709 Board mit Vakuumröhren	20.07.2012, 14:43	Foto
	http://s2.alt1040.com/files/2011/09/709BOARD-3-800x600.jpg		
1960	PDP-1	08.07.2012, 13:11	Foto
	http://makezine.com/images/makerfaire_2006/projects/195_replica.jpg		
1960er-Jahre	Floppy Diskette	20.07.2012, 14:38	Foto
	http://s3.timetoast.com/public/uploads/photos/711121/1970_Floppy_Disk.gif?1274727989		
1961	Space War	17.06.2012, 23:32	Video
	http://www.youtube.com/watch?v=Rmvb4Hktv7U		
1966	Sega Periscope	17.06.2012, 20:54	Video
	http://www.youtube.com/watch?v=T6zLJdPUKpE		
1968	The Cave	21.08.2012, 00:43	Video
	http://www.youtube.com/watch?v=QMz-XbPlFWM		

Referenzdatum	Name	Download-Datum	Format
1969 bis 2010	Das Internet – eine Arte-Dokumentation http://www.youtube.com/watch?v=d2oE76RZJWs	20.07.2012, 21:17	Video
um 1970	Moog-Synthesizer, Robert Moog http://djproaudioinc.com/images/stories/Super-Icons/robert-moog-2.jpg	01.09.2012, 10:42	Foto
1971	Computer Space http://www.youtube.com/watch?v=GR_gkJVNj68	20.07.2012, 14:54	Video
1972	Magnavox Odyssey TV Spot http://www.youtube.com/watch?v=Y2iqK_tMipI	20.07.2012, 15:01	Video
1972	Pong http://bbsimg.ngfiles.com/15/18119000/ngbbs4942d9db53840.jpg	20.07.2012, 15:09	Foto
1972	Pongautomat http://assets2.lookatme.ru/assets/article_image-image/b5/7e/50697/article_image-image-article.jpg	20.07.2012, 15:07	Foto
1973	Maze War auf zwei Xerox Alto via Ethernet http://www.youtube.com/watch?v=t6JQJLNYEs0	20.07.2012, 15:18	Video
1973	Xerox Alto http://upload.wikimedia.org/wikipedia/commons/5/5e/Xerox_Alto_mit_Rechner.JPG	20.07.2012, 15:14	Foto
1973 bis 2007	Die Geschichte der Ego-Shooter (Teil 1) http://www.youtube.com/watch?v=Dxve2FZw0P4	08.07.2012, 12:57	Video
1973 bis 2007	Die Geschichte der Ego-Shooter (Teil 2) http://www.youtube.com/watch?v=IThZ520PrDc	08.07.2012, 13:03	Video
1974	dnd (Dungeons & Dragons) http://www.youtube.com/watch?v=4fWMKNKqUmM	20.07.2012, 15:48	Video

Referenzdatum	Name	Download-Datum	Format
1974	Dungeons & Dragons	30.08.2012, 22:25	Video

http://upload.wikimedia.org/wikipedia/commons/thumb/8/87/Dungeons_and_Dragons_game.jpg/2 20px-Dungeons_and_Dragons_game.jpg

1974	Gran Trak 10	20.07.2012, 15:37	Video

http://www.youtube.com/watch?v=o4aFdMcQODI

1975	Autobahn – Kraftwerk	01.09.2012, 10:35	Video

http://www.youtube.com/watch?v=L7ISBxP63BU

1976	Breakout	20.07.2012, 16:17	Foto

http://farm4.staticflickr.com/3528/3210080342_d3e6719db8_z.jpg?zz=1

1976	Night Driver	20.07.2012, 15:54	Video

http://www.youtube.com/watch?v=MK_pwMItCPM

1976	Oxygène – Jean-Michel Jarre	01.09.2012, 10:31	Video

http://www.youtube.com/watch?v=EVS8ZYi1u0E

1977	Apple II	20.07.2012, 15:55	Foto

http://www.lepoint.fr/images/2011/10/06/408452-jpg_269981.jpg

1977	Atari VCS 2600	20.07.2012, 16:05	Foto

http://eimeargamefacts.com/wp-content/uploads/2012/06/atari-2600-2.png

1977	Commodore CBM PET	20.07.2012, 16:14	Foto

http://compurama-radolfzell.de/sites/galerie/Computer%201985%20u.a/slides/Commodore%20PET%20CBM%203032.JPG

1977	Tandy TRS-80	20.07.2012, 16:10	Foto

http://fr.academic.ru/pictures/frwiki/84/TRS-80_Model_4P_Crop_Delsener.jpg

1978	Dungeon Campaign auf dem Apple II	20.07.2012, 16:00	Video

http://www.youtube.com/watch?v=1xY7bZJ1LOQ

Referenzdatum	Name	Download-Datum	Format
1978	Space Invaders	20.07.2012, 16:07	Video
http://www.youtube.com/watch?v=437Ld_rKM2s			
1979	Atari 800	20.07.2012, 16:19	Foto
http://k05.kn3.net/E6AD1ECF5.jpg			
1979	Microvision	20.07.2012, 16:29	Foto
http://4.bp.blogspot.com/_kKZVasaOp4c/S2iR2MC1LhI/AAAAAAAAA-8/yOAx1GQCRtA/s320/evoport01.jpg			
1980	Ms. Pac-Man Commercial	20.07.2012, 16:39	Video
http://www.youtube.com/watch?v=2X2mtIUy66E			
1980	Mystery House	18.06.2012, 01:06	Video
http://www.youtube.com/watch?v=NrH4AJ_q7FA			
1980	Mystery House	18.06.2012, 01:11	Foto
http://www.linux-community.de/var/ezwebin_site/storage/images/internal/artikel/print-artikel/linuxuser/2002/07/emulatoren-unter-linux-teil-2/abbildung-2/1250687-1-ger-DE/Abbildung-2_lightbox.png			
1980	Nintendo Game & Watch	20.07.2012, 16:27	Foto
http://st-listas.20minutos.es/images/2010-05/221690/2393843_640px.jpg?1291114247			
1980	Pac-Man	20.07.2012, 16:33	Video
http://www.youtube.com/watch?v=E6fk9BjDgP0			
1980	Pac-Man-Automat	20.07.2012, 16:33	Foto
http://images04.olx.cl/ui/20/13/42/1338577162_389381142_2-Compro-Flipper-y-Arcades-Santiago.jpg			
1980	Wizardry	20.07.2012, 16:02	Video
http://www.youtube.com/watch?v=zMZc1ZkB0Eo			

Referenzdatum	Name	Download-Datum	Format
1981	Digger auf dem IBM 5150 PC	21.07.2012, 15:37	Video
	http://www.youtube.com/watch?v=7kz0_KWIMEU&feature=related		
1981	Donkey Kong	20.07.2012, 16:48	Video
	http://www.youtube.com/watch?v=EhFV5-qbbIw		
1981	IBM 5150 Personal Computer	20.07.2012, 16:51	Foto
	http://upload.wikimedia.org/wikipedia/commons/thumb/6/69/IBM_PC_5150.jpg/300px-IBM_PC_5150.jpg		
1981-1994	PC Soundentwicklung	20.07.2012, 22:05	Video
	http://www.youtube.com/watch?v=a324ykKV-7Y		
1982	Commodore 64	20.07.2012, 16:21	Foto
	http://images.computerwoche.de/images/computerwoche/bdb/1850899/890.jpg		
1982	Telematch Zeitschrift	22.08.2012, 01:32	Foto
	http://www.kultpower.de/archiv/hefte/_preview_images/telematch_1983-01.jpg		
1983	Apple Lisa	20.07.2012, 16:56	Foto
	http://2.bp.blogspot.com/_z2EgbTu72cE/TIjtPPRHUeI/AAAAAAAAUJI/tr1bx_t5Y_Y/s1600/3.jpg		
1983	Mario Brothers auf dem NES	22.08.2012, 14:41	Video
	http://www.youtube.com/watch?v=7TRmhNXT-A4		
1983	Mario Brothers Trailer – Atari	23.08.2012, 11:16	Video
	http://www.youtube.com/watch?v=wWLHAgdHeFE		
1983	Microsoft Extended Basic (MSX)	21.07.2012, 19:47	Foto
	http://www.classiccomputer.de/sony/msxhb75dmaina.jpg		
1983	Nintendo Famicom	20.07.2012, 17:17	Foto
	http://image.ohozaa.com.nyud.net/iv/eihr3.jpg		

Referenzdatum	Name	Download-Datum	Format
1984	Amstrad CPC 464	20.07.2012, 17:03	Foto
	http://www.ti99.com/exelvision/website/uploads/images/cpc464.jpg		
1984	Apple Macintosh	20.07.2012, 16:58	Foto
	http://www.mac-history.net/wp-content/uploads/2008/10/apple_macintosh_1984_high_res.jpg		
1984	IBM PC/AT	20.07.2012, 17:37	Foto
	http://www.tarabini.net/wp-content/uploads/cache/1233_BnHover.jpg		
1984	King's Quest	20.07.2012, 18:00	Video
	http://www.youtube.com/watch?v=HC4hnP7kAlM		
1985	Atari ST	20.07.2012, 17:07	Foto
	http://www.atarimuseum.de/pics/systeme/st/260520st.jpg		
1985	Bard's Tale	21.08.2012, 18:16	Video
	http://www.youtube.com/watch?v=s_5VkTZsork		
1985	Commodore Amiga 1000	20.07.2012, 17:05	Foto
	http://www.henrikbrinch.dk/media/ed146be8-e886-449e-a9ee-753770f197a2/OldComputers/ComodoreAmiga1000.jpg		
1985	Déjà vu	20.07.2012, 18:23	Foto
	http://www.demonews.de/userContent/Games/Dej-Vu/Screenshots/20110802144357-17_Deja%20Vu.jpg		
1985	Nintendo Entertainment System (NES)	20.07.2012, 17:15	Foto
	http://k41.kn3.net/taringa/1/6/3/2/8/4/55/fedezanni/4E7.jpg?143		
1985	Super Mario Bros. auf dem NES	23.08.2012, 15:22	Video
	http://www.youtube.com/watch?v=ia8bhFoqkVE		
1985	Tetris auf dem Nintendo Entertainment System	20.07.2012, 17:26	Video
	http://www.youtube.com/watch?v=cRwO0KePjyg		

Referenzdatum	Name	Download-Datum	Format
1986	The Legend of Zelda	20.07.2012, 17:25	Foto
http://thegaminghistorian.com/wp-content/uploads/2012/02/zelda.jpg			
1986	The Legend of Zelda auf dem NES	21.08.2012, 19:15	Video
http://www.youtube.com/watch?v=c4bvZZa5Mtg			
1986	Sega Master System	20.07.2012, 17:30	Foto
http://www.retrogamer3.ca/VG_System_Images/Sega%20Master%20system.png			
1987	AdLib-Soundkarte	21.07.2012, 19:59	Foto
http://96khz.de/mediashare/9j/jzkfs1qq9g4zsjbmjxdzx4ee89z1kl-pre.jpg			
1987	Commodore Amiga 500	21.07.2012, 18:16	Foto
http://uptodatetech.com/wp-content/uploads/2011/10/CommodoreAmiga.jpg			
1987	Maniac Mansion	20.07.2012, 18:09	Video
http://www.youtube.com/watch?v=M_gkBoxdPCI			
1987	NEC PC-Engine	20.07.2012, 17:40	Foto
http://gamesdbase.com/Media/SYSTEM/NEC_TurboGrafx_16/logo/big/NEC_TurboGrafx_16_01.jpg			
1987	Sega Mega Drive (USA - Sega Genesis)	20.07.2012, 19:39	Foto
http://de.acidcow.com/pics/20100115/consoles_99.jpg			
1987	Sharp X68000	20.07.2012, 17:42	Foto
http://4.bp.blogspot.com/_yk0BYeAJxUI/SkFTVdJHwRI/AAAAAAAAF8/U7e_rIC7fa4/s320/1.jpg			
1988	Battle Chess	01.09.2012, 11:46	Video
http://www.youtube.com/watch?v=qKcZwPb7C3k			
1988	Super Mario Bros. 2 auf dem NES	22.08.2012, 14:15	Video
http://www.youtube.com/watch?v=LWynnAZGNPs			

Referenzdatum	Name	Download-Datum	Format
1988	Super Mario Bros. 3 auf dem NES	22.08.2012, 16:32	Video
	http://www.youtube.com/watch?v=2SfvhZgD7Bk		
1989	Nintendo Game Boy	20.07.2012, 19:53	Foto
	http://www.newlaunches.com/gmae_boy_1.jpg		
1989	Sound Blaster 1.0	21.07.2012, 19:58	Foto
	http://upload.wikimedia.org/wikipedia/commons/9/90/Soundblaster-1.0-ct1320.jpg		
1989	Super Mario Land auf dem Nintendo Gameboy	23.08.2012, 10:54	Video
	http://www.youtube.com/watch?v=9hM1maHRyFc		
1989	Tetris Thema A	28.08.2012, 12:16	Video
	http://www.youtube.com/watch?v=NmCCQxVBfyM		
1989	Tetris Thema B	28.08.2012, 12:18	Video
	http://www.youtube.com/watch?v=zrPbSVhX71Q		
1989	Tetris Thema C	28.08.2012, 12:17	Video
	http://www.youtube.com/watch?v=knLI56-WAzc		
1990	F-Zero auf dem SNES	28.08.2012, 00:14	Video
	http://www.youtube.com/watch?v=2T5u9nD_I0I		
1990	Gameboy – Super Mario Land – Werbung	23.08.2012, 10:49	Video
	http://www.youtube.com/watch?v=ObT1bLD6SgY		
1990	SNES Werbung	23.08.2012, 11:12	Video
	http://www.youtube.com/watch?v=WRsPQR6KPh8&feature=related		
1990	Super Mario Land auf dem SNES	23.08.2012, 21:27	Video
	http://www.youtube.com/watch?v=1FnPe6tinVs		
1990	Super Nintendo Entertainment System (SNES)	20.07.2012, 19:51	Foto
	http://gamesdbase.com/Media/SYSTEM/Nintendo_SNES/logo/big/Nintendo_SNES_01.jpg		

Referenzdatum	Name	Download-Datum	Format
1990	The Secret of Monkey Island TV Spot	20.07.2012, 18:15	Video
http://www.youtube.com/watch?v=O4bayK9peC8			
1990er-Jahre	Snake auf einem Nokia Handy	20.07.2012, 21:08	Foto
http://www.blogcdn.com/www.joystiq.com/media/2011/02/nokia-snake-cheevo-530w.jpg			
1990er-Jahre	Memory auf einem Nokia Handy	20.07.2012, 21:11	Foto
http://farm2.staticflickr.com/1228/687428905_1a425a3c8f.jpg			
1991	Philips CD-I	20.07.2012, 19:28	Foto
http://gamingbolt.com/wp-content/gallery/10-ugly-games-consoles/philips_cd-i.jpg			
1991	Sega Game Gear	20.07.2012, 19:53	Foto
http://m.sector.sk/files/recenzie/200921322159452/Sega_Game_Gear.jpg			
1991	Sonic the Hedgehog auf dem Sega Mega Drive	20.07.2012, 19:48	Video
http://www.youtube.com/watch?v=x1XEd5Q7E7Y			
1992	Dune II - The Building of a Dynasty	20.07.2012, 20:09	Video
http://www.youtube.com/watch?v=tppjzT-su0Q			
1993	3DO Interactive Multiplayer	20.07.2012, 19:33	Foto
http://4.bp.blogspot.com/-jT0NUlmUlig/TpyMAvM4kkI/AAAAAAAAjk/5rB-Dvbk0ZU/s1600/panasonic-3do.jpg			
1993	Day of the Tentacle	26.08.2012, 15:21	Video
http://www.youtube.com/watch?v=sz1G-UykU_Q			
1994	Need for Speed auf dem 3DO	20.07.2012, 19:33	Video
http://www.youtube.com/watch?v=cR-CwrdroIQ			
1994	Ridge Racer auf der Sony Playstation	20.07.2012, 20:02	Video
http://www.youtube.com/watch?v=QC3hUBqPXyg			

Referenzdatum	Name	Download-Datum	Format
1994	Sega Saturn	20.07.2012, 20:03	Foto
http://static.wix.com/media/2c7eb9_18d4c6292ad827c9e319f4096b805287.jpg			
1994	Sony Playstation	20.07.2012, 17:35	Foto
http://www.toysnjoys.com/psx/ps_one_lg.jpg			
1995	Command & Conquer Alarmstufe Rot Trailer	29.08.2012, 11:34	Video
http://www.youtube.com/watch?v=R4OgaqWFh1I			
1995	Command & Conquer - Der Tiberiumkonflikt	20.07.2012, 20:15	Video
http://www.youtube.com/watch?v=HYnhb-WRZns			
1995	Super Mario World 2 auf dem SNES	22.08.2012, 15:25	Video
http://www.youtube.com/watch?v=_IATqru7Sh8			
1996	Nintendo 64	20.07.2012, 20:12	Foto
http://bmgf.bulbagarden.net/attachment.php?attachmentid=22107			
1996	Pokémon – Rote Edition	30.08.2012, 23:52	Video
http://www.youtube.com/watch?v=MCIElpNvEeU			
1996	Super Mario 64	22.08.2012, 15:46	Video
http://www.youtube.com/watch?v=9QwCjJ_8BQI			
um 1996	Super Mario 64 Milchwerbung	23.08.2012, 11:15	Video
http://www.youtube.com/watch?v=sCCFV5uTyWs			
1996	Tomb Raider	01.09.2012, 11:18	Video
http://www.youtube.com/watch?v=0iAd4egX2PA			
1997	Age of Empires	30.08.2012, 15:58	Video
http://www.youtube.com/watch?v=JmxZdNTWP6I			
1997	Age of Empires Trailer	02.08.2012, 17:06	Video
http://www.youtube.com/watch?v=wpjoXDRGydM&feature=related			

Referenzdatum	Name	Download-Datum	Format
1997	Grand Theft Auto	01.09.2012, 11:23	Video
http://www.youtube.com/watch?v=_5acBRd6tLE			
1998	Baldur's Gate	02.08.2012, 18:08	Video
http://www.youtube.com/watch?v=tP4PYHDzEdM			
1998	Dance Dance Revolution	01.09.2012, 10:53	Foto
http://upload.wikimedia.org/wikipedia/commons/thumb/0/0c/DDR_US_1st.jpg/220px-DDR_US_1st.jpg			
1998	Sega Dreamcast	20.07.2012, 21:30	Foto
http://www.entreconsolas.com/imagenes/productos/img_prod_g_260.jpg			
1999	Bandai Wonderswan	20.07.2012, 20:37	Foto
http://oldiesrising.com/images_jour/27/wonderswan.jpg			
1999	Final Fantasy VIII – Love Grows	11.09.2012, 18:01	Video
http://www.youtube.com/watch?v=R7LBlFFVSF0			
1999	Moorhuhnjagd	01.09.2012, 11:25	Video
http://www.youtube.com/watch?v=dvfDQ6337pM			
1999	Neo Geo Pocket	20.07.2012, 20:36	Foto
http://www.videogamegazette.com/neopocket/neogeopocketc.jpg			
1999	Shadow Man	02.08.2012, 17:25	Video
http://www.youtube.com/watch?v=7SG06iQZJhg			
2000	Counter Strike	20.07.2012, 21:36	Video
http://www.youtube.com/watch?v=5sAPqKJwLQo			
2000	Diablo 2	29.08.2012, 12:43	Video
http://www.youtube.com/watch?v=rcQ9-LbZhEw			

Referenzdatum	Name	Download-Datum	Format
2000	Diablo 2 Ingame-Sequenz http://www.youtube.com/watch?v=7zctevry1Yg	29.08.2012, 12:40	Video
2000	Icewind Dale Musik – Zerstörtes Osthafen http://www.youtube.com/watch?v=9NDotHyDu1k	28.08.2012, 01:16	Video
2000	Icewind Dale Musik – Endkampf http://www.youtube.com/watch?v=4XWkiU0cNQc&feature=relmfu	28.08.2012, 01:15	Video
2000	Icewind Dale Musik – Osthafen http://www.youtube.com/watch?v=w6WhjqYst4s	28.08.2012, 01:24	Video
2000	Sony Playstation 2 http://193.164.197.60/images/727/7271048849.jpg	20.07.2012, 21:38	Foto
2000	Sudden Strike – Gamestar Testvideo http://www.youtube.com/watch?v=4BWdhFDfjFY	20.07.2012, 20:27	Video
2001	Microsoft Xbox http://enter.net.mk/data/images/galleries/big/2012/06/xbox1.jpg	20.07.2012, 21:51	Foto
2001	Nintendo Game Boy Advance http://images1.gamek.channelvn.net/Images/Uploaded/Share/2010/01/12/gba430x265.jpg	20.07.2012, 20:40	Foto
2001	Nintendo GameCube http://images3.wikia.nocookie.net/__cb57524/de.nintendo/images/9/9d/GameCube.jpg	20.07.2012, 21:45	Foto
2002	Neverwinter Nights Titelmusik http://www.youtube.com/watch?v=gb133m_AEnY&feature=related	29.08.2012, 11:50	Video
2002	Super Mario Sunshine auf dem GameCube http://www.youtube.com/watch?v=Mg35bxWRLEs	22.08.2012, 16:15	Video
2003	Worms 3D – Red Bull http://www.youtube.com/watch?v=s57yrYhhtck	01.09.2012, 11:34	Video

Referenzdatum	Name	Download-Datum	Format
2004	Nintendo DS	20.07.2012, 20:41	Foto
http://ictk.ch/sites/default/files/nintendo-ds-console.jpg			
2004	SingStar	20.07.2012, 21:42	Video
http://www.youtube.com/watch?v=ivFRDXuD_OI&feature=relmfu			
2004	Sony Playstation Portable	20.07.2012, 20:50	Foto
http://blogfactory.it/playstation/files/2011/11/playstation-portable.jpg			
2004	UMD-Format von Sony	20.07.2012, 20:52	Foto
http://regmedia.co.uk/2008/07/28/umd_image.jpg			
2004	World of Warcraft Gameplay	20.07.2012, 21:25	Video
http://www.youtube.com/watch?v=IkXRVvrQU0c			
2005	50 Cent Bulletproof Trailer	01.09.2012, 11:40	Video
http://www.youtube.com/watch?v=KYaLVeG6Vxc			
2005	Dr. Kawashimas Gehirn-Jogging	20.07.2012, 20:45	Video
http://www.youtube.com/watch?v=0uoM6myXFuk			
2005	Guitar Hero 1	02.08.2012, 17:58	Video
http://www.youtube.com/watch?v=hhvvzLwVgCE&feature=related			
2005	Microsoft Xbox360	20.07.2012, 21:48	Foto
http://fc00.deviantart.net/fs70/f/2012/193/a/2/shadybox_by_cardgamephantom-d570nh2.jpg			
2005	Nintendogs	20.07.2012, 20:43	Video
http://www.youtube.com/watch?v=NE6CKEsWQuI			
2006	Gothic 3 Musik - Idylla	29.08.2012, 11:50	Video
http://www.youtube.com/watch?v=LhpWhpuZTe4&feature=related			
2006	Honda Jazz Werbung – Tetris	12.09.2012, 14:44	Video
http://www.youtube.com/watch?v=CbIUy-Qfm1E (Stand: 12.09.2012)			

Referenzdatum	Name	Download-Datum	Format
2006	New Super Mario Bros. für Nintendo DS http://www.youtube.com/watch?v=brd1uoBTALU	24.08.2012, 00:14	Video
2006	Nintendo Wii http://www.capitaldiario.com/imagenes_productos/nintendo_wii.jpg	21.08.2012, 19:50	Foto
2006	Sony Playstation 3 http://static.fatordigital.net/loja/img_prod/209292/3897_1.jpg	20.07.2012, 21:45	Foto
2007	Command & Conquer Tiberium Wars http://www.youtube.com/watch?v=pwNYYaLrUXA&feature=related	29.08.2012, 12:29	Video
2007	Super Mario Galaxy auf der Nintendo Wii http://www.youtube.com/watch?v=l3oAunZBkk4	22.08.2012, 16:26	Video
2008	Dance Dance Revolution Ableger http://upload.wikimedia.org/wikipedia/commons/3/3e/Festival_du_jeu_video_20080926_033.jpg	01.09.2012, 11:02	Foto
2008	Grand Theft Auto 4 http://www.youtube.com/watch?v=iAZy7ZPBL8I	01.09.2012, 11:28	Video
2008	Wall-E – Sound Design mit Ben Burtt http://www.youtube.com/watch?v=OzJxUlhbw50	21.07.2012, 13:37	Video
2009	Dead Space PC Version http://www.youtube.com/watch?v=3KHQztJVy7U	02.08.2012, 16:55	Video
2009	New Super Mario Bros. auf der Nintendo Wii http://www.youtube.com/watch?v=wcclLi2T5bI	22.08.2012, 16:53	Video
2009/10	Assassin's Creed II Trailer http://www.youtube.com/watch?v=4TnxggXZK3I&feature=related	02.08.2012, 17:43	Video
2010	Harry Potter u. d. Heiligtümer d. Todes Trailer http://www.youtube.com/watch?v=KRXfHq841mw	02.08.2012, 17:49	Video

Referenzdatum	Name	Download-Datum	Format
2010 http://www.youtube.com/watch?v=-Edam8d6Dfk	Guitar Hero 6	02.08.2012, 18:02	Video
2010 http://itp.nyu.edu/physcomp/sensors/uploads/kinect_specs.jpg	Microsoft Kinect	11.09.2012, 17:19	Foto
2010 http://www.youtube.com/watch?v=E5d1XpPXTb4	Super Mario Galaxy 2 auf der Nintendo Wii	22.08.2012, 16:43	Video
2011 http://www.youtube.com/watch?v=kumuoCfGSCY	New Super Mario Bros. 2 Werbespot, Cruz	23.08.2012, 11:11	Video
2011 http://pressakey.com/gamepix/blog/PMUeXacLt.jpg	Nintendo 3DS	20.07.2012, 20:54	Foto
2011 http://www.youtube.com/watch?v=4e3qaPg_keg	Nintendo Wii U Trailer	21.06.2012, 04:08	Video
2011 http://www.youtube.com/watch?v=CVk5Oz6ZbBc	Super Mario 3D Land für Nintendo 3DS	22.08.2012, 17:17	Video
2011 http://www.youtube.com/watch?v=1c4xHskYHns	Super Mario 3D Land Trailer	23.08.2012, 11:00	Video
2011 http://www.youtube.com/watch?v=3hXTSnTnL54	Super Mario Bros. Musik – Multitrack	29.08.2012, 11:32	Video
2011 http://www.youtube.com/watch?v=LoBvPh04jC0&feature=related	Super Mario Bros. Musik - A cappella	29.08.2012, 11:25	Video
2011 http://www.youtube.com/watch?v=eVVXNDv8rY0	The Elder Scrolls V Musik – Dragonborn	29.08.2012, 11:56	Video
2011 http://www.youtube.com/watch?v=IHu73DVZ9Ec	The Elder Scrolls V Musik - Nord's Sorrow	29.08.2012, 11:55	Video

Referenzdatum	Name	Download-Datum	Format
2012	Crisis 2 Trailer	20.07.2012, 18:30	Video
	http://www.youtube.com/watch?v=_FlIv1MlWgc&feature=relmfu		
2012	Halo 4 – Sound Design mit Sotaru Tojima	21.07.2012, 13:28	Video
	http://www.youtube.com/watch?v=MnNffDiyqzo		
2012	Microsoft Xbox Smart Glass Trailer	20.07.2012, 21:05	Video
	http://www.youtube.com/watch?v=uF69-pgb8XE		
2012	New Super Mario Bros. 2 für Nintendo 3DS	23.08.2012, 11:55	Video
	http://www.youtube.com/watch?v=js882fhqFiE		
2012	New Super Mario Bros. U für Nintendo Wii U	23.08.2012, 00:04	Video
	http://www.youtube.com/watch?v=mzH0Zt5bPpM		
2012	New Super Mario Bros. U Trailer	23.08.2012, 11:03	Video
	http://www.youtube.com/watch?v=uQkpxVaGB3c		
2012	Sony Playstation Vita	20.07.2012, 20:57	Foto
	http://bilder.bild.de/fotos-skaliert/themenpaketcomputercyberspacedievitabringt_25140091_mbqf-1329812935-22751940/2,h=343.bild.jpg		
2013	Ouya	31.08.2012, 00:34	Foto
	https://www.m-ware.de/images/gallery/Basis/ouya_22884.nphd.jpg		
ohne Jahr	FMOD	31.08.2012, 00:13	Foto
	http://qt.nokia.com/images/customers/coolapps/fmod-screen-hot/%2B%2Batfield%2B%2Bimage-preview		
ohne Jahr	Wwise	31.08.2012, 00:14	Foto
	http://www.file-extensions.org/imgs/app-picture/5515/wwise.png